建筑施工企业多项目管理的理论、方法与流程

王海鑫　孔　寅　王祖和◎著

⑤吉林大学出版社

·长春·

图书在版编目（ＣＩＰ）数据

建筑施工企业多项目管理的理论、方法与流程 / 王
海鑫 , 孔寅 , 王祖和著 . -- 长春 : 吉林大学出版社 ,
2023.6

ISBN 978-7-5768-2040-9

Ⅰ . ①建… Ⅱ . ①王… ②孔… ③王… Ⅲ . ①建筑施
工企业—项目管理—研究—中国 Ⅳ . ① F426.96

中国国家版本馆 CIP 数据核字 (2023) 第 170991 号

书　　名　建筑施工企业多项目管理的理论、方法与流程
　　　　　　JIANZHU SHIGONG QIYE DUOXIANGMU GUANLI DE LILUN、FANGFA YU LIUCHENG
作　　者　王海鑫　孔　寅　王祖和　著
策划编辑　殷丽爽
责任编辑　殷丽爽
责任校对　李适存
装帧设计　守正文化
出版发行　吉林大学出版社
社　　址　长春市人民大街 4059 号
邮政编码　130021
发行电话　0431-89580028/29/21
网　　址　http: // www. jlup. com. cn
电子邮箱　jldxcbs@ sina. com
印　　刷　天津和萱印刷有限公司
开　　本　787mm×1092mm　1/16
印　　张　10
字　　数　180 千字
版　　次　2024 年 1 月　第 1 版
印　　次　2024 年 1 月　第 1 次
书　　号　ISBN 978-7-5768-2040-9
定　　价　72.00 元

作者简介

王海鑫　管理学博士，硕士生导师。中国建筑协会会员，青岛工程咨询协会数字化专业委员会委员。现为山东科技大学土木工程与建筑学院教师，目前主要从事项目管理领域的教学和研究工作。曾主持或参与教育部人文社会科学研究规划基金资助项目，山东省重点研发计划（软科学项目），青岛市哲学社会科学规划项目，山东科技大学人才引进项目等课题近 10 项，在《管理工程学报》等国内外期刊公开发表论文 10 余篇，担任 WSEAS Transactions on computers，American journal of science，engineering and technology 等国际期刊审稿人。并为中建、中启胶建等企业的多家二级单位提供项目管理咨询或培训业务。

孔寅　山东科技大学土木工程与建筑学院工程管理系教师，中共党员，管理学博士，美国纽约城市大学访问学者。主讲课程：工程伦理、工程概论、城市经济学、项目管理（英语）。长期从事企业管理、战略规划、项目管理、工程伦理、区域经济等方面的教学和研究工作，参与了多家能源企业和建筑企业的战略规划和管理咨询工作，并承担山东省社科基金项目和青岛市社科基金的研究工作，参与多个能源企业和城市的战略规划项目。发表论文 10 余篇，主编专著 1 部，参编专著 2 部。指导学生参加全国大学生项目管理大赛多次夺魁，连续被学生评为"我心目中的好老师"。2021 年获校教学创新大赛一等奖和山东教学创新大赛二等奖。

　　王祖和　山东科技大学二级教授、博士、博士生导师。中国项目管理研究委员会常委；国际项目管理专家，首批国际项目管理专业资质认证（IPMP）评估师；中国建筑业协会工程项目管理专业委员会专家；国家职业技能鉴定项目管理专业委员会资深专家；《项目管理评论》编委；中国百名优秀国际项目经理。享受国务院政府特殊津贴；国家百千万人才工程部级专业技术拔尖人才。先后获得山东省优秀青年知识分子、新长征突击手等称号。长期从事项目管理领域的教学、科研、咨询工作。先后从事 20 余项科研课题的研究工作，取得科研成果近 20 项；获得国家科技攻关重大科研成果奖 1 项、省科技进步一等奖 1 项、部科技进步二等奖 1 项、省部科技进步三等奖 3 项。先后编著出版《项目质量控制》《项目进度控制》《施工企业体制改革与项目管理》《现代项目管理》《项目计划与控制》《项目质量管理》《现代工程项目管理》《中国项目管理知识体系与国际项目管理专业资质认证标准》《中国工程项目管理知识体系》《中国项目管理知识体系》《IT 信息化项目管理知识体系与国际项目管理专业资格认证标准》《IPMP 知识精要》《中国项目管理发展纲要》等专著近 20 部，发表论文 60 余篇。

随着我国国民经济的快速发展，建筑施工企业承接项目正向大型化、复杂化、区域化方向发展，多项目并行运作逐渐成为其面临的新常态。很多企业尝试引入多项目管理方法以适应不断变化的外部环境需求，多项目管理作为适用性更强的管理方法也越来越多地被我国项目型企业所接受。但是多项目管理在运行过程中也面临众多的问题与挑战，其中的核心包括"怎样将组织战略目标与组织中的项目相结合""怎样在组织多个项目间实现资源的合理有效配置"以及"怎样保证项目成功实施和组织战略目标的同步实现"这三大问题。

在此背景下，有关多项目管理环境下关键问题处理的相关研究日益受到关注。从企业组织的宏观角度来看，战略对于引导企业多项目资源配置发挥着极为重要的作用，将企业既定战略与多项目资源配置相匹配，既是战略管理、项目管理以及多项目管理理论发展的必然趋势，也是解决企业在新的管理环境下所面临问题的客观需求。对于企业来说，多项目管理环境下关键问题的解决并非易事，从根本上来说还需要符合资源配置要求的组织结构支持。因此，本书针对建筑施工企业特征及其所处环境下面临的多项目管理关键问题，尝试以企业战略为导向，以资源配置为主线，以组织结构为支撑，基于战略导向构建涵盖整体与局部的多项目资源配置流程、方法体系与组织模式，旨在便于建筑施工企业管理者利用这些理论、方法与流程，根据既定战略配置企业资源，消解各方矛盾，协调资源关系，服务于多项目管理整体目标，实现企业战略的有效落地实施。

全书共分为 6 章。第 1 章为引论，阐述了项目管理、多项目管理内涵及特征，并针对建筑施工企业特点分析其多项管理特征，进而梳理找出相关企业实施多项目管理中所面临的关键问题；第2章为多项目管理理论，分别对项目组织结构、多项目优先级评价、多项目资源配置等理论进行了阐述，明确了多项目资源配置的关键问题，梳理出了建筑施工企业多项目资源配置的SDAAP流程；第3章为多项目管理组织模式，引入战略项目管理办公室SPO，以SPO和流程导向为核心，针对建筑施工企业特征及其多项目管理中对于战略一致、资源配置、组织协调的客观要求，提出了基于流程导向的建筑施工企业组织结构模式，并梳理出了所提组织结构的管理流程模式；第4章通过分析企业战略与多项目管理的关系，提出企业战略是更高层级的指标，项目战略对应度的评估结果应作为项目进入多项目系统及项目组合设计的主要依据，继而提出了基于战略对应的建筑施工企业多项目组合设计与组合资源配置方法，为建筑施工企业多项目管理中的整体资源配置提供参考；第5章针对多项目优先级评价问题，基于GRA法构建多项目优先级评价模型与方法流程，为接下来实现资源在项目实施过程中的优化配置提供数据支撑与理论基础；第6章在前文确定的项目组合与共享资源限制基础上，分别对多项目环境下的RCPSP与RLP进行扩展，构建了RCMPSP与RLPMP两大问题模型，并尝试使用智能优化算法对模型进行了求解与验证，通过对这两大问题的处理为建筑施工企业多项目实施过程中的局部资源配置提供方法参考。

本书内容的具体分工如下：第1、2章由王祖和负责写作，第3章由孔寅负责写作，第4、5、6章由王海鑫负责写作，两位研究生陈心、魏盛松参与了文中图、表的绘制与编辑，全书由王海鑫统稿。由于本书创作时间有限，且限于作者水平，文中难免存在疏漏与短板，不足之处敬请谅解，更期待广大读者批评指正。

王海鑫

2022年9月 于山东科技大学

目　录

第1章 引 论

1.1 项目管理

1.1.1 项目

项目是人们为了达到期望的质量和数量目标，运用新的方法将所需的资源组织起来，在给定的时间约束和成本约束的范围内，完成的一项具有独立性和一次性特点的工作任务。

项目包括时间、成本、质量、资源、范围等参数。美国项目管理协会（Project Management Institute，PMI）在其出版的《项目管理知识体系指南》（Project Management Body of Knowledge，PMBOK）中为项目所做的定义是：项目是为创造独特的产品、服务或成果而进行的临时性工作。德国 DIN69901（德国工业标准）认为，项目是指在总体上符合下列条件的唯一性任务：①具有预定的目标；②具有人力资源、时间、成本和其他限制条件；③具有专门的组织。《项目管理质量指南（ISO10006）》定义项目为："具有独特的过程，有开始和结束日期，由一系列相互协调和受控的活动组成。过程的实施是为了达到规定的目标，包括满足时间、费用和资源等约束条件。"

项目要受到客户要求、时间、成本和资源等方面的制约，是一种复杂的一次性努力。项目通常要有明确的目标和一定的复杂度，项目的实施需要涉及多个部门和专业，项目需要有一个起点和一个终点的明确的生命周期。通常一个称为项目的工作必须是从事以往未做过的事，并且要受到特别的时间、成本和性能约束。

项目是指具有某种属性的一类工作任务。项目的定义已经指明了项目的最基本的属性，下面我们针对这些属性进行分析，深入理解项目的本质特点，将项目与日常工作概念区分开。一般来讲，项目具有如下特征。

（1）一次性

一次性是项目和其他可重复操作的最大区别。项目常常没有可以完全照搬的先例，将来也不会有完全相同的重复。项目大多带有某种创新和创业的性质。项目的其他特征是从项目的这一最主要特征衍生出来的。

（2）独特性

有些不同的项目虽然提供相似的产品和服务，但它们之间的内外部环境总会有所差别，所以项目总是具有独特性。

（3）确定的目标

项目必有确定的目标，其中不仅包括时间目标，也包括成果性目标以及其他需要满足的约束条件。

（4）临时性

项目有明确的开始和结束时间，当项目的目标已实现或由于其他原因项目目标无法实现时，就意味着项目结束。

（5）生命周期性

项目常常由几个不同的阶段组成，项目各个阶段组成的全体即为项目生命周期。项目阶段的数量和名称由项目机构的控制需要所决定。每个项目阶段都以完成某一个或多个可交付成果为标志。

综上所述，可用一句简单的话来定义项目，它是在特定条件下、具有特定目标的、一次性的任务。因此，项目是一种实现创新的工作，创新元素越多，就越需要项目管理。

1.1.2 项目管理

（1）项目管理的概念

项目是实现创新的工作。项目管理就是实现这一创新过程的管理，通过项目经理和团队的努力，把各种知识、技能、手段和技术应用于项目活动之中，对资源进行计划、组织、协调控制，以达到项目的要求。项目管理有标准的流程，即规划、实施、监视控制和结尾等。通常项目的实施与监视控制同时进行。项目经理即为在这四个基本时间段内，以项目目标的实现为目的，对项目进行管理和控制的个人。

　　要管理一个项目首先要做的是识别项目的范围，制定可行的质量、成本、时间等目标。时间、成本、质量之间通常是互相矛盾的，当项目实施时要通过管理手段、技术手段或其他相关手段来平衡三者之间的关系，并达到客户的要求。项目常受到范围、时间、成本和进度的制约。这四个因素之间的权衡会对项目的质量造成不利影响。高质量的项目难以在预算内按时提交满足要求的产品、服务或成果。上述因素之间的关系是，如果四个因素之一发生了变化，其他因素中至少有一个会受到影响。比如，在项目的实施过程中，如果业主要增加一个新的功能，那么项目的范围就发生了变化，此时如果项目的时间和成本不发生变化，那么很可能会导致项目的质量下降。因为，在限定时间和资源的情况下，工程量的增加将导致原有资源的投入超负荷工作，在这样的条件下质量显然会受到影响。项目的实施过程中还可能会发生其他情况，比如在项目的范围和成本不变的情况下被要求缩短工期，这样的变化会显著地影响质量目标的实现。因为在投入资源不变的情况下，在 1/3 的时间内完成同样的工作，工作的强度就要增加 2 倍，又很可能面临资源竞争的情况，在这样的情况下，质量下降一般是不可避免的。项目经理还根据不确定性管理项目。项目的风险是指一些一旦发生就会对项目目标的实现产生未知影响的不确定事件。

　　由于项目在整个生命周期过程中被逐步完善，即项目管理人员越了解项目就越能更好地管理项目，所以项目管理的过程中往往具有重复性。"项目管理"有时用来说明管理日常运作的一种组织手段。这种手段说得更准确点，应称为以项目为手段进行管理，它把日常运作的许多方面作为项目对待，并确保应用的是经过实践证明的项目管理技术。

　　（2）项目管理的基本内容

　　项目管理的对象是项目，即一系列的临时任务。它强调项目不是整体的一个部分，而是由一系列任务而组成的整体。其目的是通过运用科学的项目管理技术，更好地实现项目目标。同其他管理的职能一样，项目管理的职能和任务是对组织的资源进行计划、组织、指挥和控制。项目管理的任务是对项目进行计划、组织协调和控制，控制项目的质量、进度、费用等与预期计划一致，并可以及时发现项目中存在的问题，避免可能发生的风险。项目经理是项目管理职能的主要执行者，在一般的项目中，项目经理和少量专职项目管理人员共同完成项目管理的工作，项目中的其他人员接受管理并负责项目的实施工作。

（3）项目管理的程序概述

项目需要确立范围，但是由于各种因素的影响，项目的范围可能会发生变更，有时变更范围太大，会让项目经理无法接受。这个问题是现在项目管理所必须要面对的问题。一个项目如果希望取得成功，就必须勇敢地面对问题，并能通过各种渠道有效地加以解决。一般的项目在项目的启动或计划阶段确定项目的范围，并且有专门的技术来确定项目的范围（如 WBS）。

对于复杂的项目来说项目的计划非常重要。计划可以提高效率。当我们定义了要做的工作和完成工作所需要的资源后，我们就可以根据资源安排进度计划，可以通过并行的方式安排工作进度，以更少的时间来完成项目，并最大限度地利用资源。在制订计划的过程中我们也能对项目的目的和目标理解得更深刻。计划还为实际完成的工作与计划的工作之间的对比评价提供了一个基础。执行项目计划包括几个步骤，它包括组织人员，确定完成计划工作所需的资源，确定计划的开始与结束时间，安排工人完成他们各自的任务。

项目计划规定了项目想要做什么、什么时候去做、什么人去做以及想要得到什么成果。在项目的实施过程中，项目经理必须通过特定的系统来监督项目的进展。这个系统要对项目的完成情况进行汇总，对项目的未来进行预测，对潜在的风险进行预测，并提出解决方案。项目可以按照计划实施的基础是问题的整改程序和变更管理程序。

项目的实施阶段是针对项目的计划安排对项目的具体工作任务开发实施。在项目的实施过程中，项目的资源如人力、机械和材料等将分配到不同的任务上去。项目按照项目计划实施，并最终产生项目的成果。在实施过程中，项目经理将开展监测和控制工作，对项目的实施情况进行监测和反馈，对出现问题的环节将进行改进，最终保证项目的顺利实施。

1.2 多项目管理

1.2.1 多项目管理概念

一项新的方法或理论从提出到人们所广泛认知，首先应当具有明确的定义。

对于多项目管理来说同样如此，从诞生之日起，学者们就尝试从不同的视角诠释其内涵与外延。多项目管理（multi-project management，MPM）的思想最早是加雷斯（Gareis）在1989年提出来的。起初是为了区别单个项目的管理而提出的一个较为宽泛的概念，主要是指企业同时对多个具备完整功能的项目进行全生命周期的管理，即站在企业层面上对现行组织多个项目进行筛选、评估、计划、控制、执行及收尾等工作，以最优化所有项目的综合实施效果的项目管理方式。这种观点强调了多项目管理作为一种管理方式的概念存在，是一种较为狭义的概念。

从广义上来看，多项目管理不仅是"一个项目经理同时管理多个项目"的活动形式，还可以是一个组织对多个项目进行管理的活动，且不仅是一种管理方式，还可以包括对多项目进行管理的机制与模式等，凡是在"同一组织"范围内，以"多个项目"为对象所开展的管理活动，其相关内容形式都可以归入多项目管理范畴。此外，与单个项目管理不同的是，多个项目之间通常存在对于有限资源的竞争问题，随着人们逐渐意识到这一点，学者们开始重视对于多项目间资源配置问题的研究，尝试从这一角度出发更好地诠释多项目管理思想，专家就此指出，多项目管理就是一种有效利用企业资源，确保企业所有项目目标均能实现的科学管理方法，并将多项目管理归为项目组合管理和项目集管理两类。

回归到多项目管理产生的背景，可以看到多项目管理所要着力解决的问题包括"怎样将组织战略目标与组织中的项目相结合""怎样在组织多个项目间实现资源的合理有效配置"以及"怎样保证项目成功实施和组织战略目标的同步实现"这三大问题，解决这些问题正是多项目管理理论产生的意义与初心。

因此，综合以上叙述和分析，可以将多项目管理视作一种从企业的战略视角出发，运用合理的组织结构形式并采用先进管理思想和方法，以解决多个项目同时运行状态下产生的问题，对组织中所有项目进行计划、组织、实施与控制，最终实现组织战略目标的一系列管理活动。

1.2.2 多项目管理特征

传统的项目管理强调"怎样做项目"，是一种自下而上的管理方式，它往往只关注项目底层数据的收集，只关注项目层级的项目管理。这种管理理念在企业管理过程中存在着一系列问题，如：企业是一个整体，以单个项目为基础进行管理会忽略企业的战略整体性；由于项目执行过程中透明度与可控性的缺乏，无法及时发现项目实施过程中的问题以进行适时的改进；无法从企业层面对多个项目进行统一的资源分配，从而会导致资源的浪费；企业资源是有限的，不能统一管理会造成多个项目对关键资源的抢夺和冲突。而多项目管理能解决这些问题，多项目管理以一般的项目管理为基础，它具有一般项目管理的特点，但又有所区别。

首先，在管理对象方面，项目管理的管理对象是单个项目，而多项目管理则放眼于企业整体目标，是为企业整体目标的实现而开展的一系列协调管理活动。其次，在管理目标方面，20 世纪 60 年代以来，以时间—质量—成本三个基本要素构成的"铁三角"标准，如图 1.1 所示，是项目管理领域最为广泛运用的目标标准。很多项目经理将这一标准作为衡量项目绩效的首要标准，关注在限定成本和工期范围内向业主提交对应质量要求的项目产品，而多项目管理则是站在企业管理的角度关注战略、资源以及协调的管理目标。因此无论是在内涵方面还是在外延方面，多项目管理一直在不断地发展和完善，且具有区别于单项目管理的特征。

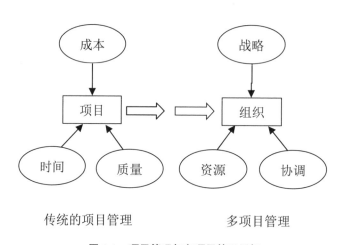

图 1.1　项目管理与多项目管理目标

（1）更高的集成性

多项目管理包括战略管理、资源管理、项目管理等内容，且更加注重组织的整体效益。多项目管理是战略管理和传统项目管理的桥梁，是在战略导向下对组织内多个项目进行的统一协调管理，因此不论在管理功能方面还是管理对象方面，多项目管理均体现出更高的集成性。由于多项目管理的这种特性，整个组织的知识、技术和信息的共享程度得到了提高，组织中项目间的联系得到加深。由于各项目之间缺乏联系而导致的资源利用效率低、资源配置不够合理等问题也得到了解决，使整个组织更加注重整体利益。

（2）战略性

与单项目管理不同，多项目管理更加注重组织战略。在组织范围内，所有项目的目标必须与组织的既定战略保持一致，要保证在单个项目成功的同时组织的整体战略目标也要得到实现。单项目管理只以单个项目成功为目标，只对自身进行计划、执行与控制。其站在项目的执行层面，仅考虑单个项目的利益以及可行性。而多项目管理则更注重于组织战略，认为这些项目必须与组织总体战略紧密联系。因此，管理者在对组织中所有项目进行评价、计划、实施与控制的过程中，需要站在组织的整体决策层面，要项目成功实施的同时保证组织整体战略目标的实现，它是战略管理的延伸，是战略目标的载体，也是战略实施的一部分。

（3）多样性

多项目管理中包含了多个项目，而各个项目的目标通常各不相同，项目管理过程中所关注的重点也有差异，因此多项目管理通常具有多样性，这同时也直接导致了多项目管理难度的增加。

（4）动态性

企业内外部环境均在不断变化，动态特性逐渐呈现，面对由变化的组织内外环境而发生的战略目标、项目特征与需求变更，多项目管理能够应对处于不同阶段和状态的项目，消除各项目间资源冲突，使组织活动调整到一个合适的位置和关键点上，而这曾是传统项目管理的瓶颈之一。

（5）层次性与协调性

多项目管理以组织内所有项目为对象，而根基根据组织的战略目标层级，这些项目又可以集合为项目组合或项目群。事实上，多项目管理实质是在不同层次上对组织内的多个项目进行的管理，也具有层次性。而由于层次性的存在多项目管理也具有协调性的特征。在实际中多项目管理常常要面对多个存在关键资源竞争的项目，因此对于多项目管理来说，资源配置和不同项目间的协调是管理中的重点。通过有效的协调机制实现企业效益最大化，在多项目环境下对有限资源进行合理配置来实现多项目共同成功是多项目管理的终极目标。

（6）系统性

多项目管理站在组织的视角，脱离了单一项目作为管理对象的界限，将项目管理的研究从孤立的研究单一项目转向以系统的视角研究相互联系的多个项目，将组织内的所有项目看成一个系统来进行综合管理。所以多项目管理具有系统性的特征，并且管理的复杂程度高于传统的项目管理。如果仅考虑传统的项目管理方法就难以保证项目与组织整体战略目标的关联性。

1.2.3　企业多项目管理的组合管理模式

组合管理思想由哈里·马科维茨（Harry Markowitz）于 1952 年首次提出，之后相当长的一段时间里，组合管理的研究和应用主要集中在金融投资领域。项目组合管理尚未形成统一的定义，参考美国项目管理协会（PMI）对项目组合管理的定义，项目组合管理即组织为实现其战略层次目标，对项目或项目群组合集中进行管理，管理内容涵盖对项目、项目群以及其他工作的识别、优先级排定、授权管理以及控制等一系列活动，通过这些活动对组织战略及目标的支持贡献程度，进行选择、优先级排列、评估和管理，进而保障组织战略目标的实现。其中，从组织角度确保所选项目满足项目组合战略目标和从项目管理角度实现项目交付以对项目组合作出贡献，是项目组合管理的主要切入视角。

作为一种新型管理方法，项目组合管理属于多项目管理的范畴，是实现战略项目化管理的重要途径，为实现企业战略目标提供了新的思路。对于实现这一目标的过程，现有的研究主要分为两种方向：一是基于项目管理理论，针对项目实施过程中存在的问题，从战略层次寻找解决方案；二是基于战略管理理论，从战略落地角度出发，针对战略实施过程中的诸多问题，按组织战略层次逐层分解，最终落实到项目组合、项目的实施过程。随着项目管理理论的不断发展，基于项目组合管理，从组织战略角度出发解决问题的思路逐渐被大多数人所接受。为了达到实现战略目标的目的，它选择并监控符合整体战略的项目群，并将资源有效分配在这些项目组合中，这些项目组合内部可能不具备资源依赖关系或相似性。

组织战略对于项目选择与项目组合设计中的作用也受到广泛关注，项目选择与项目组合设计则是实现组合资源投射的前提与依据。基于战略耦合的项目组合设计与资源配置，能够从企业整体视角进行宏观资源优化配置。综合文献分析可以看到，仅针对企业整体视角的资源配置在面向项目实施层级进行资源配置时显得不够具体，无法指导资源在项目实施中的合理配置。战略是面向整个组织高层、粗线条的未来长期发展规划；而项目是执行层较为具体的临时性活动。由战略引导制定的项目目标需要针对项目的实际情况，制订可实施、可衡量的计划，通过项目组合将战略与项目目标进行衔接，解决企业整体层级与项目实施层级之间的矛盾。

但是战略规划主体（高层管理者）与战略实施主体（项目管理者）不一致会导致信息不对称的问题。高层管理者对宏观的战略和市场信息较为了解，却可能无法完全获知项目的实施情况；而项目管理者大多缺乏战略意识，只沉浸于既定项目计划的完成，并不了解所执行的工作能否给组织带来战略收益。项目组合跨越了企业的战略层与项目层，因为决策主体的不同会导致二者衔接困难。

1.3 建筑施工企业及其多项目管理特征

1.3.1 建筑施工企业现状分析

（1）建筑业在国民经济中的地位

建筑业是专门从事土木工程、房屋设计建造和机电设备安装以及工程勘察设计工作的生产部门。建筑业的产品非常多样化，包括各种工厂、矿井、铁路、桥梁、港口、道路、管线、住宅以及公共设施的建筑物、构筑物和设施，其产品在我国国民经济发展中占据重要地位。20 世纪 80 年代以来，建筑业在国民经济中的地位不断提高，1994 年国务院第 16 次常务会议审议通过的《90 年代国家产业政策纲要》中，明确提出加快机械电子、石油化工、汽车制造和建筑业的发展，使其成为国民经济支柱产业。2021 年，在以习近平同志为核心的党中央坚强领导下，我国建筑业弘扬伟大建党精神，全力以赴建设疫情防控设施，扎实推进保障性住房建设，积极参与城市更新行动，加快推动建筑产业转型升级，发展质量和效益不断提高，实现了"十四五"良好开局。中国建筑业协会发布的《2021 年建筑业发展统计分析》显示,2021 年全国建筑业企业完成建筑业总产值 29.3 万亿元，同比增长 11.04%；完成竣工产值 13.5 万亿元，同比增长 10.12%；签订合同总额

65.7 万亿元，同比增长 10.29%，其中新签合同额 34.5 万亿元，同比增长 5.96%；房屋施工面积 157.55 亿平方米，同比增长 5.41%；房屋竣工面积 40.83 亿平方米，同比增长 6.11%；实现利润 8554 亿元，同比增长 1.26%。截至 2021 年底，全国有施工活动的建筑业企业 12.9 万个，同比增长 10.31%。自 2011 年以来，建筑业增加值占国内生产总值比重始终保持在 6.8% 以上，2021 年，面对新冠疫情冲击背景下严峻复杂的国内外环境，这一比重较 2020 年有所下降，但仍达到 7.01%，建筑业作为我国国民经济重要支柱产业，一直以来在提升我国经济综合实力、改善民生和促进社会健康发展等方面发挥着重要支撑作用，支柱产业地位稳固（图 1.2 至图 1.4）。

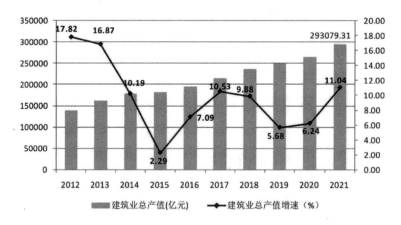

图 1.2　2012—2021 全国建筑业总产值及增速

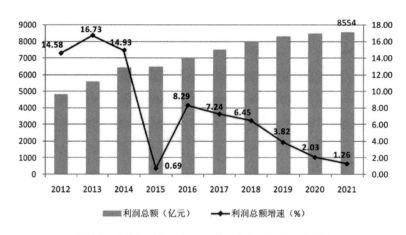

图 1.3　2012—2021 全国建筑业企业利润总额及增速

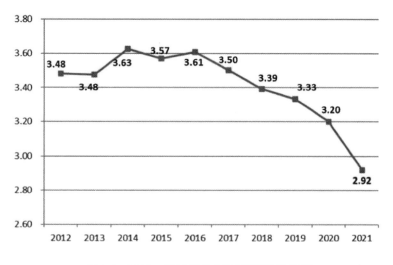

图 1.4 2012—2021 建筑业产值利润率趋势图

（2）建筑施工企业所面临的"问题"与"机遇"并存

目前我国建筑业面临激烈的市场竞争，与管理水平较高的制造行业相比较，产业生产效率和整体效益偏低，产品质量水平不高，企业管理与项目管理能力相对较弱。对比"建筑业增加值""建筑业产值利润率"等指标，可以发现建筑业仍然处于较低的运行水平，并且通过对十余家大型建筑业上市公司的历年年报进行分析可知，建筑业的利润率远远低于其他行业。随着国家"十四五"建设规划的新一轮经济建设发展，建筑业在整个宏观经济领域进入新常态。一方面，随着经济增速放缓，过去依赖国家固定资产投资拉动的高速发展模式已成为历史，企业单纯追求规模效益已显不合时宜，需要在转型中寻求新的经济增长点。另一方面，我国城市化进程的不断深化和"一带一路"建设的持续推进，也为建筑施工企业带来了新的发展机遇，对企业提升组织管理能力和资源配置效率提出了更高的要求。在不断深化的市场竞争和变革中，建筑业如何抓住市场机遇，实现整体利益最大化，争取更大的市场利润空间，在竞争中立于不败之地，这些是对每个企业提出的现实要求。

（3）建筑施工企业多项目管理面临挑战

随着我国国民经济的快速发展，建筑施工企业承接项目正向大型化、复杂化、区域化方向发展，多项目并行运作逐渐成为其面临的新常态。很多企业开始尝试引入多项目管理方法以适应不断变化的外部环境需求,多项目管理作为适用性更强的管理方法越来越多地被我国项目型企业所接受,但是多项目管理在运行过程中也面临众多的问题与挑战,其中的核心包括"怎样将组织战略目标与组织中的项目相结合""怎样在组织多个项目间实现资源的合理有效配置"以及"怎样保证项目成功实施和组织战略目标的同步实现"这三大问题,多项目管理环境下的核心问题处理更是成为相关研究的热点问题之一。学者们对这些问题已有很多研究并取得了大量的成果,但多项目管理及其资源配置不管是理论研究还是实践应用均仍处于进一步探索应用阶段,相关的研究还存在着不足。

首先,缺少涵盖整体与局部的资源配置流程模式。综合对文献的梳理分析,可以看到现有研究或侧重关注企业层面的组合优选问题,忽略项目具体实施中的资源配置过程;或侧重关注项目层面资源优化配置,忽略企业宏观层面对项目的选择和资源的初始分配。缺少能够将二者联系起来,涵盖整体与局部的资源配置方法。一方面,由于缺乏有效的具体的流程与方法,大多数组织仍采取单项目管理方式,这样的管理方式导致组织在进行项目组合优选和项目组合实施的过程中具有较大的随意性,无法从整体视角考虑战略和资源,严重的情况下会导致资源分配与组织战略导向的偏离;另一方面,由于过多地关注组合设计、项目评估、优先级的确定,对资源在企业项目实施过程的具体实践环节与项目任务执行过程的合理配置指导意义不强。

其次,现有的解决建筑施工企业多项目管理环境的组合设计与资源配置方法有很多不足。现有研究中已有一些关于企业战略、项目组合与资源配置的思考,但是大多数研究更多关注的是项目组合设计、组合资源配置等流程框架的构建,而对于项目选择、组合设计及资源配置具体过程的分析和处理的研究则仍有不足,特别是针对建筑施工企业多项目管理环境,着眼于企业战略视角的组合设计与资源配置方法的研究还鲜有涉及,具有针对性的项目战略对应评估指标体系与评估方法也有待进一步开发完善。

再次,多项目环境下的项目资源配置问题研究有待深化。对于工程项目资源配置问题的研究多集中在资源受限条件下的项目调度问题和工期固定资源均衡问题上,这两类问题同属网络计划的资源优化配置问题,但现有文献研究多集中在单项目环境下的资源优化问题模型构建与算法开发上,多项目环境下的此类资源配置问题研究仍处于探索发展阶段，且应用性研究多见于 IT、航空、制造业企业，针对建筑施工企业的具有较强适用性优化目标的研究尚不多见。

最后，适用于建筑施工企业多项目管理的组织结构形式有待完善。由于相当一部分的建筑施工企业规模庞大，组织结构层次复杂，涉及集团母公司、子公司、部门和项目，因此在面临多项目环境时，传统组织结构往往难以解决各方间协调问题。为了更好地适应多项目资源配置的要求，协调部门、项目和部门项目之间的关系，需要对适应于施工企业多项目资源配置环境的组织结构形式支持进行进一步完善。

此外，战略在整个多项目资源配置过程中的地位和作用还有待进一步明确，相应的组织流程模式也需进一步的细化与完善。

1.3.2　建筑施工企业特征

（1）组织特征

从本质上来说，建筑施工企业属于项目型组织（project-based organization，PBO），该组织的概念源于 20 世纪 90 年代，早期被定义为"为完成生产职能而临时建立的项目组织结构"。随着研究的深入，概念进一步扩展，大多数活动按项目模式实施并在结构与过程上以项目为主、功能为辅的组织被定义为项目型组织。或者把项目型组织定义为"所有工作围绕项目开展并通过项目创造价值以达成自身战略目标的组织"。由此可见建筑企业具备项目型组织的主要特征即：

①企业组织活动以项目为导向。在建筑企业的活动中，既包括日常运营活动，也包括各种以创新为主的一次性和独特性项目活动。在这种企业中，项目是企业活动的主导方向，通过项目导向提升企业竞争力以实现企业的发展。

②企业组织体制以项目为核心。企业的组织体制兼顾了日常运转和创新活动等项目资源配置和权利安排，在资源配置方面更多地向项目和项目管理倾斜，因此该组织体制以项目和项目管理为核心内容。

③企业具备很强的项目管理能力。这类企业的重要特征之一是具备很强的项目管理能力，因为该类企业的各类活动都是管理难度大且具备很多不确定性的项目。因此企业要具备很强的项目管理能力，以保证企业中各种类型的项目能顺利实施，保证企业价值的实现。

（2）资源特征

资源的概念目前来看没有公认的严格定义，事实上由于研究对象和研究目的的不同，企业资源的定义也不尽相同。或者认为企业资源是一定时间内半永久性属于企业的有形资产和无形资产。或者将企业资源的界定从自然资源扩展到劳动力、资金、智力资源及其他能够成为生产力现实或潜在要素的资源。或者针对项目型企业资源给出定义，将这类企业的资源定义为企业为完成项目所需要的人力、材料、设备和资金等有形资产、无形资产与管理资源的统称。建筑施工企业作为项目型企业的典型代表，其资源为项目服务，既具有一般资源的属性，也有自身的特点。

①资源种类多，供应量大。和其他项目相比工程项目的规模是比较大的，项目实施过程中所需要的人、材、机等资源种类多，需求量大。

②资源种类和需求量变化幅度较大。建筑施工企业可能同时执行多个资源需求差别很大的项目，且其所实施的项目通常面向业主，业主要求可能随时发生变化，因此企业中多个项目实施过程具有不均匀性，也导致资源需求种类和需求量不均衡，变化幅度往往较大。

③资源有限。企业没有过剩资源，很难对其所有项目配置满足其要求的资源。对于企业来说，企业无法同时满足所有项目所需要的人力、机械、材料等资源。因此，当有限资源量无法满足项目需求时，就会形成资源需求缺口，各项目间即会形成对影响其项目进度的关键资源的争夺。

④资源供应受外界环境的影响大。外界对企业造成的制约，往往非企业所愿见，也非企业自身能够解决的。诸如交通、自然、政治等不可抗力造成的供应商供货不及时等特殊情况，都会对资源供应造成影响。

1.3.3　建筑施工企业多项目管理特征

无论多项目管理实施得是否成功，其最终结果都会直接反馈到企业的经济利益中。企业的目标不外乎盈利与持续发展，多项目管理的有序实施能够降低项目成本，优化企业资源配置，提高的企业的利润率，帮助其实现既定战略目标。从实践结果来看，多项目管理相比单项目管理能够更好地适应当代企业的发展需求。多项目管理的方式最早开始应用于大型工程，后逐渐发展到 IT 业、制造业、航空航天、建筑业等多个行业领域。建筑行业自身的特点使得其与其他行业相比存在很多不同之处，因此这也决定了建筑施工企业在多项目管理上所具备的特征，具体表现在：

（1）工期要求高

建筑业所涉及的工程项目往往成本高，风险大，管理难度高，而且如果项目进度延误，业主和建筑施工企业都会面临巨大的损失。因此，建筑施工企业对工期的要求很高。

（2）管理难度大

建筑施工企业项目的管理常常要听令于业主方，由于业主方通常会提出新的要求，所以项目管理过程通常具有临时性和渐进明细性等特点。因此，与其他行业企业多项目管理相比，建筑施工企业多项目管理更加复杂，难度也相对更大。

（3）项目空间跨度大

建筑施工企业所承接的项目通常散布于不同的城市或地区，这就导致了其多项目管理涵盖的范围更广，空间跨度更大。

（4）涉及资源多且资源共享与竞争性强

项目中的人员、材料、机械等资源繁多，同时由于多项目同时进行，使得项目间对于资源的竞争激烈，因此建筑企业多项目间的资源配置问题非常关键。

1.3.4 建筑施工企业多项目管理关键问题

（1）战略实施

战略管理中的两个重要组成部分就是战略制定和战略执行，战略制定问题已经受到充分的关注，大部分的建筑施工企业都能够根据自身情况制定长期的战略规划，然而对战略执行的操作，相当一部分企业还有一定提升空间。从现实情况来看，战略执行远比战略制定困难，一些学者就指出，组织战略的执行已成为困扰组织高层管理者最紧迫的问题之一。战略执行同时也是目前相当一部分企业在多项目管理中面临的迫切需要解决的问题之一。

（2）组织结构优化

建筑施工企业多项目管理涉及多个职能部门和项目，如何协调职能部门间、多项目间以及职能部门与项目间的关系，为企业战略的有效实施和资源的合理优化配置提供动力，也是建筑施工企业多项目管理中亟待解决的关键问题之一。

（3）资源优化配置

资源优化配置是建筑施工企业多项目管理中需要重点关注的核心问题。传统项目管理针对单一项目，项目经理只对其所在项目负责，为实现该项目成功尽可能多地请求资源支持。而多项目管理以企业整体效益最大化为目标，不单以某一项目的成功为目标，而需要从组织层面合理配置资源以实现多项目的成功。因此，为了达成各自的目标，各项目都希望尽可能多地获得资源支持，使得项目之间的资源竞争加剧，而资源竞争也使项目之间、各职能部门与项目之间的冲突深化，进而影响各方目标和企业战略的最终实现。其中，建筑施工企业多项目间、项目间、部门与项目间的资源竞争关系如图 1.5 所示。

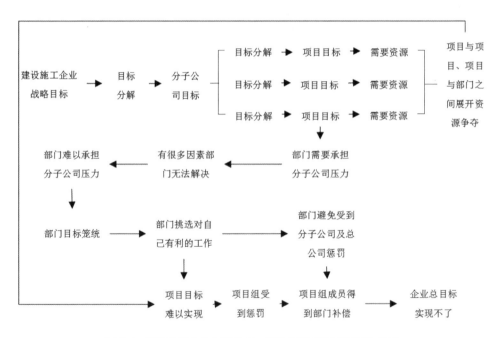

图 1.5　建筑施工企业多项目间、项目与部门间资源竞争关系

因此，解决企业多项目资源配置问题的关键就是解决多项目间的资源冲突问题。建筑施工企业的项目数量多、资源需求种类多，因此在资源有限的条件下，如何选择合适的资源配置方法对于企业来说至关重要。不同的资源配置方法在效果上存在明显差异，选择适合建筑施工企业的资源配置方法有利于各项目顺利实施，反之则会给企业造成严重的经济损失。此外，资源优化配置问题不只存在于项目层次或组织层次，只考虑组织层次则忽视了项目执行过程，只考虑项目层次则欠缺对企业整体情况的思考，因此单就某一层次进行研究以寻求企业资源配置问题的解决都是不全面的。因此如何选择有效的资源配置方式来解决多项目间的资源分配问题，充分发挥多项目管理的优势，对于企业战略目标的实现有着极为重要的意义。

1.4   本章小结

本章从项目、项目管理的概念入手对多项目管理的概念及其特征进行阐述，明确了企业战略在多项目管理中的作用，同时指出项目组合管理作为一种新型管理方法对企业战略目标实现的作用路径与现实问题。在此基础上针对建筑施工企业特点指出其多项目管理特征，继而明确了建筑施工企业在多项目管理中所面临的关键问题，包括企业战略实施、资源优化配置以及组织结构优化，为接下来的内容奠定了基础。

第2章　多项目管理理论

多项目管理是一种从企业的战略视角出发，运用合理的组织结构形式并采用先进管理思想和方法，以解决多个项目同时运行状态下产生的问题，对组织中所有项目进行计划、组织、实施与控制，最终实现组织战略目标的一系列管理活动。

多项目管理所要着力解决的问题包括"怎样将组织战略目标与组织中的项目相结合""怎样在组织多个项目间实现资源的合理有效配置"以及"怎样保证项目成功实施和组织战略目标的同步实现"，要解决这些问题就需要构建能够适应多项目管理特征的组织结构形式并找到组织战略与各项目管理之间的联系，与其相关的理论、方法及流程等共同构成了多项目管理的理论体系。

2.1　项目组织结构

相关专家在对 GE、DELL、TOYOTA 等知名公司研究后发现，这些企业的成功的关键在于组织创新和资源的优化配置，可见组织创新与资源优化配置一样，是企业发展的核心竞争力之一。组织作为一个复杂存在体，其核心使命的确定为组织内部资源配置等活动提供了指导性依据。

"组织"一般有两层含义。首先，"组织"作为一个名词，是指有意识形成的职务或职位的结构。例如，一般一个企业从上到下、从左到右会确定若干纵向、横向的职务或职位，而这些职务或职位之间并不是孤立的，为了实现组织目标之间存在相互联系，从而形成组织结构。其次，"组织"作为一个动词，是指一个工作过程，如组织一次会议、组织一次活动。

当一个项目被确立时，首先要面临两个问题：一是要确定项目和公司之间的关系，即项目组织结构；二是必须确定项目内部的组成。从项目管理的角度来说，项目组织是指由一组个体成员为实现具体的项目目标而组织的协同工作的队伍。一般来说，除了非常小的项目，如编写个人报告、完成小实验等由一个人即可完成外，几乎所有的项目都需要一个团队来完成，因而就必须建立项目组织，以便更加高效地完成项目目标。项目的成败很大程度上取决于项目组织的形式，常见的项目组织形式有职能式组织结构、项目式组织结构和矩阵式组织结构。

2.1.1 职能式组织结构

职能式组织形式是按职能以及职能的相似性来划分部门，这种组织形式属于纵向划分组织结构，如图 2.1 所示。

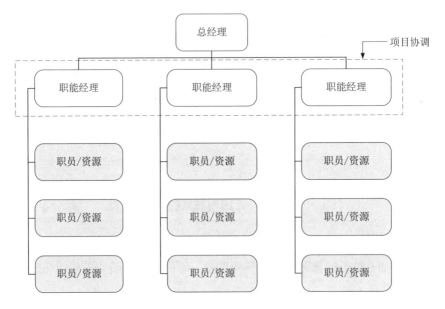

图 2.1 职能式组织结构

职能式组织形式要求各职能部门根据项目的情况承担本职能范围内的工作，共同完成该项目。根据任务的需要，企业主管从各职能部门抽调人员以及其他项目所需的资源来组成项目实施小组。例如，开发新产品可能要从营销、设计及生产部门各抽调一定数量的人员形成开发小组。项目中的每个职能部门都有各自的、唯一的上级领导或部门，即上级和下级属于直线型的领导和被领导的关系，在部门内上级对下级有直接的指挥权。比如，当项目进行时，设计人员只对设计部门经理（职能经理）负责，生产部门经理无权对设计人员下达命令。但是，这样的组织界限并不十分明确，因为项目实施的工作属于兼职性质，组织成员并没有脱离原来的职能部门，因此他们既要完成本职任务，又要完成项目中的任务。没有明确的项目经理或主管是这种项目组织的另一特点，所以在处理涉及各职能部门间的问题时，只能由各职能部门的主管来处理和协调。

例如，一个开发新产品的项目，若营销人员与设计人员之间产生矛盾，只能由营销部门经理与设计部门经理来协调处理，同样各部门经理也能决定各自部门调拨给项目的人员及资源。

（1）职能式组织的优点

1）有利于企业技术水平的提升。在职能式组织中，同一部门的人员可以交流经验，专业人才可以专心钻研本专业的知识，能有效提高部门中各人员的专业水平。在项目遇到困难时，问题所属的职能部门可以联合攻关，这能为项目的实施提供强大的技术支持

2）提高了资源利用的灵活性并降低成本。在职能式组织形式中，职能部门仍然领导着项目中的人力和其他资源。因此在职能部门内部资源可以按需分配，当有资源退出项目或者闲置时，部门的领导可以根据需要把资源安排给其他项目，这样可以有效降低资源的闲置成本。

3）有利于从整体协调企业活动。由于部门经理不承担项目最终成果的责任，只承担本部门职能范围内的责任，而部门经理向企业主管负责，因此企业主管要从全局出发对项目进行协调与控制。有人认为职能式组织形式为上层提供了加强控制的手段。这种从整体上对组织的控制，有利于企业的长远发展和稳定性。

（2）职能式组织形式的缺点

1）协调难度大且对项目的利益关注不足。由于职能的差异性及本部门的局部利益，每个职能部门经理容易从本部门的角度去考虑问题，而项目的整体利益常常得不到优先的考虑。而且项目经理和部门经理之间存在着许多交叉，当部门间发生冲突时，部门经理之间难以进行协调。项目不是全部工作，这会影响企业整体目标的实现。

2）项目组成员责任淡化。由于项目并不被看作是他们的主要工作，因此他们很难树立积极承担项目责任的意识。

3）对环境适应性差。由于在职能式组织形式中存在多个管理层次，所以对于客户要求的响应往往比较迟缓。如果项目处于多变的环境中，而职能式组织很

难快速依据客户的需求来对各种资源进行协调，从而降低了客户的满意度。

职能式组织适合公司的内部需要协调工作较少时且规模较小的项目。

2.1.2　项目式组织结构

项目式组织形式是按项目划归所有资源，属于横向划分组织结构，即每个项目有完成项目任务所必需的所有资源，每个项目的实施组织有明确的项目经理，责任明确，对上直接接受企业主管或大项目经理领导，对下负责本项目资源的运用以完成项目任务；每个项目之间相互独立。项目式组织形式如图 2.2 所示。

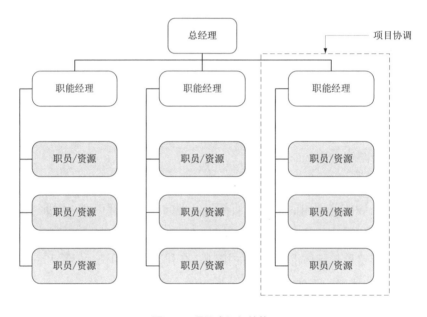

图 2.2　项目式组织结构

（1）项目式组织形式的优点

1）目标明确及指挥统一。由于项目式组织是基于项目而建的，因此项目成员可以集中精力于实现项目的目标。而且项目式组织结构不会出现多头领导的现象，因为项目成员只受项目经理的领导。

2）有利于项目控制。由于在项目式组织形式中，项目的资源是按照项目划分的，因此项目经理可以绝对控制项目，可以把精力都投入项目中去。

3）有利于全面型人才的成长。项目实施涉及计划、组织、指挥、协调与控制等多种职能，因此项目式组织形式提供了全面型管理人才的成长之路，从管理小项目的小项目经理，经过管理大中型项目的项目经理，成长为管理多项目的项目群经理，直至最后成长为企业的主管。同时，项目中拥有着来自不同职能部门的人员，人员之间可以相互学习，有利于人才能力的开发。

（2）项目式组织的缺点

1）机构重复及资源闲置。因为每个项目都有自己的一套独立的机构，所以当一个企业有多个项目同时进行时就会造成人员、机械等资源的重复设置。同时，在包括人员在内的资源使用方面，每种资源项目都要拥有，当这些资源闲置时，其他项目也很难利用这些资源，造成资源闲置。

2）不利于企业专业技术水平的提高。项目式组织并没有给专业技术人员提供同行交流与互相学习的机会，往往只注重于项目所需的技术水平，因此不利于形成专业人员钻研本专业业务的氛围。

3）不稳定性。项目的一次性特点使得项目式组织形式随项目的产生而建立，也随项目的结束而解体。在项目组织刚成立时，组织会因新成员互相不熟悉而不稳定。而随着项目的进展，组织会逐渐稳定下来。但是当项目即将结束时成员又要为自己的未来做考虑，使得"人心惶惶"，项目又进入了不稳定期。

在这种组织形式下，项目经理具有较大的独立性和对项目的总体目标负责。和职能式组织结构相比，当环境不稳定时，项目式组织形式的整体性和项目中各类人才的互相合作能体现出明显的优势。

2.1.3　矩阵式组织结构

矩阵式组织结构既有两种组织形式的优点，又能避免两种组织形式的缺点。矩阵式组织形式的特点是将按照职能划分的纵向部门与按照项目划分的横向部门结合起来，构成类似矩阵的管理系统，在组织资源合理配置与利用方面显示出强大的优越性。矩阵式组织结构如图 2.3 所示。

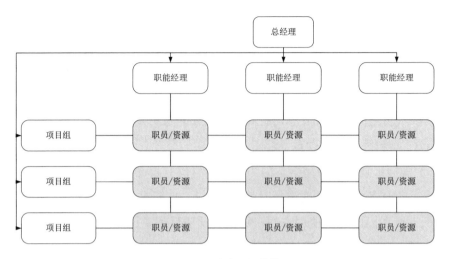

图 2.3 矩阵式组织结构

当很多项目对有限资源的竞争引起对职能部门的资源的广泛需求时，矩阵管理就是一个有效的组织形式。采用这种组织结构的单位的运行方式是在某工程项目立项之后，由单位的最高领导部门向项目组的负责人进行授权，由项目负责人负责项目工程的策划和组织，从各有关部门抽调人力参加项目组。在工作过程中，项目的负责人要同时接受各相关职能部门和受垂直部门的领导。待该项工程项目的工作完成后，项目组应解散，人员回到原单位待命。

（1）矩阵式组织结构的优点

1）强调了组织的重要性，所有项目成员都为组织服务。

2）具有动态调整的特性，矩阵式组织结构可以通过调节和权衡职能部门经理和项目经理之间的关系以调节组织结构。

3）矩阵式组织结构能够很好地适应环境的变化，这是因为矩阵式组织结构是建立在良好的沟通机制基础上的，一旦环境发生变化能够通过协商一致进行应对。

4）整个组织结构是统筹协调的，组织的最大追求目标是组织的整体利益，不会为了个别项目目标的实现而放弃其他项目的利益。这能避免组织内的项目出现各自为战的局面，有助于各项目协调一致。

5）组织内部一直在动态调整，通过动态调整可以实现人员、计划和资金的合理配置。

6）矩阵式组织结构具有稳定性，这有利于项目工作的稳定，有利于企业高层对项目实施的把控。

7）项目成员对项目结束后的忧虑减少了。虽然他们和项目具有很强的联系，但他们对职能部门也有一种"家"的亲密感觉。

（2）矩阵式组织结构的缺点

1）在矩阵式组织结构中没有明确的负责者，权力是均衡的，因此项目的某些工作会受到影响。

2）多个项目在进度、费用和质量方面能够取得平衡，这既是矩阵式组织结构的优点，又是它的缺点，因为这些项目必须被当作一个整体仔细地监控，这是一项艰难的工作。而资源在项目间流动可能会导致资源分配不均，从而引起项目经理之间的冲突，因为每个项目经理都更关心自己项目的成功，而不是首先关注企业整体目标的实现。

3）存在双重领导。矩阵式组织违反了命令单一性的原则，项目成员至少有两个上司即项目经理和部门经理。当他们的命令出现分歧时，会让项目成员感到为难，项目成员需要认清这种窘境，否则他们会对这种工作环境感到无法适应。

4）这种组织形式需要在项目组织和职能组织之间的沟通上花费大量时间，以平衡项目组织与职能组织之间的关系。

5）在开始进行组织结构设置时，在管理流程和沟通机制的建立上需要花费大量的人力、物力。

从管理方式的角度来看，矩阵式组织结构违背了统一指挥的原则。但是由于矩阵式组织结构中的项目经理能够全权领导项目，所以在项目内部，决策管理是统一的。因此，矩阵式组织结构不适用于一般的组织管理，但是适用于强调灵活的项目管理。

2.2 多项目优先级评价方法

如果一个企业资源很充裕的情况下，自然能够顺利地保障所有的项目都能够在合同规定的日期内完成，则多个项目之间不需要进行排序。但是从各个企业实际的生产情况来看，至少在某一时间段内，企业往往都存在着企业在承担超过自身负荷的项目任务，因此企业就会出现无法按时完成项目的风险，此风险必然会给企业带来损失。在这种情况下，企业要首先解决如何在项目之间进行合理的资源分配的问题。如果能够通过综合评比多个项目的重要性权集，通过有效的项目优先级的排序，将资源优先提供给优先级高的项目，这样就能有效降低由于无法按时完成项目引起的损失。

能否准确地对项目进行优先级评价，关系到关键项目能否顺利推进，更关系到企业能否实现整体的战略目标。优先级的确定要根据企业的战略安排来确定。项目的优先级一般根据项目的重要性和紧急程度来确定。对于企业战略目标的实现影响最大且最为紧急的项目排在最高级，并依次类推。评定优先级必须按照一定的标准，如果采用了错误的优先级评定标准很容易导致给予优先级高的项目以不需要的资源，而使低优先级项目的完成受到影响。因此要站在企业全局的高度对项目的优先级进行评定。企业的资源要优先向那些符合企业发展战略、有益于企业日后发展的项目。多项目优先级评价的流程如下所示：

第一，明确评价的主体和客体。首先明确评价的客体，即根据资源冲突来确定哪些项目需要进行评价。然后确定评价的主体，即结合评价对象确定进行评价的人员。

第二，选择合适的评价方法。评价方法的选择要根据企业的实际情况，这样能有效提高优先级评价的效率和准确性。

第三，实施评价。根据选定的方法对项目进行优先级评价，要根据企业的实际情况来调整评价的实施过程。

第四，评价结果反馈。对评价结果的可用性和准确性进行分析，找出不足之处，并进行改进，使评价模型更加完善。

区分项目优先级的方法有很多，下面将介绍几种常见的优先级评价方法。

（1）传统定性分析评价法

传统定性分析评价法是最早被应用的优先级评价方法，该方法多应用于小型企业。在管理学中，大部分理论模型的建立，都有一个定性到定量的过程，这也符合事物发展的客观规律。定性分析评价法强调管理中"人"的作用，评价过程基于主观经验。目前比较常见的定性分析方法有二元决策树法、专家评分法、头脑风暴法、德尔菲法等。定性分析评价法的缺点在于缺乏行之有效的客观评价标准，尤其当不同的专家团队意见不一致时，无法进行有效决策，耽误项目进度。

（2）基于战略的多因素评价法

该方法基于企业的战略目标，确定项目评价指标后进行打分，最终根据得分确定项目的优先级。具体的评价指标要根据企业的实际情况来确定。

（3）投资组合分类矩阵法

该方法从项目利益和资源状况对项目进行分析，划分为九宫格，将项目放置于合适位置，格子颜色越深代表项目优先级越高，如图 2.4 所示。

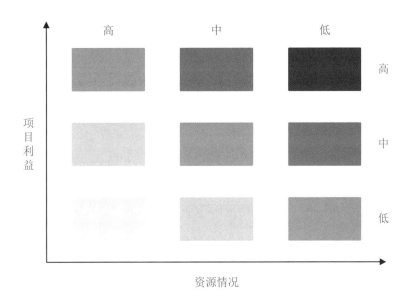

图 2.4　投资组合分类矩阵

该矩阵表明，项目利益越高，资源情况越低，则项目优先级越高。但是多项目优先级评价不能仅考虑利益和资源因素，还要考虑内外部环境等因素。

（4）层次分析法

层次分析法（AHP）将评价对象视为一个整体系统，运用分解目标、综合分析、比较判断等方法将定性评价指标进行合理量化。该模型实用性较强，应用成本不高，可以迅速为管理者和决策者提供明确的考核结果，不受组织结构和企业规模的限制。该模型依托于评价者对项目本质的理解和考量，且可以应用数学技法将人为干扰因素降低。层次分析法是在进行项目优先级评价时常用的一种方法，下面将以单层次模型为例，介绍一下层次分析法的实施过程（图 2.5）。

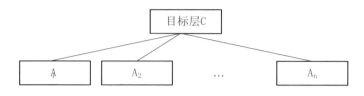

图 2.5 单层次分析模型

该模型中只有一层需要评价的因素，即 A1，A2，…，An。通过对各个要素进行两两对比来得出每个要素权重。具体步骤如下所示。

1）建立两两比较判断矩阵。矩阵如表 2.1 所示。

表 2.1 判断矩阵

目标层 C	A1	A2	…	An
A1	a11	a12	…	a1n
A2	a21	a22	…	a2n
…	…	…	…	…
An	an1	an2	…	ann

在判断矩阵中，aij 表示相对重要性，用数字 1～9 及其倒数来表示，例如 a21=1 表示因素 2 和因素 1 具有相同的重要性，具体的取值含义如表 2.2 所示。

表 2.2 aij 取值含义

重要性取值	含义
1	两个因素同等重要
2	介于 1 和 3
3	一个因素比另一个因素稍微重要
4	介于 3 和 5
5	一个因素比另一个因素明显重要
6	介于 5 和 7
7	一个因素比另一个因素强烈重要
8	介于 7 和 9
9	一个因素比另一个因素极端重要

其中，aij>0，aij 与 aji 互为倒数。

2）计算要素相对重要性。记矩阵中最大特征根为 λ_{max}，将对应的特征向量归一化并记为 W。W 中的元素为各评价要素的权重和排序。

3）一致性检验。判断矩阵为 n 阶矩阵，则一致性指标定义为：

$$CI = \frac{\lambda_{\max} - n}{n - 1} \qquad\qquad （1）$$

接下来引入随机一致性指标 RI。根据矩阵阶数的不同，RI 的数值如表 2.3 所示。

表 2.3　随机一致性指标 RI 取值

阶数	1	2	3	4	5	6	7	8	9	10
RI 取值										

得出检验系数：

$$CR = \frac{CI}{RI} \qquad\qquad （2）$$

若 CR<0.1，则认为矩阵通过一致性检验。

多层次分析模型与单层次分析模型相比工作量增大，需要将倒数第二层的因素与其下属因素看作一个单层次分析模型，依次获得各层级各要素的权重，并进行一致性检验。层次分析法因具有简单易行、系统性强等优点而被广泛应用，但是层次分析法的定性成分较多，有时候主观性过强，需要结合其他方法来进行修正，保证结果的可信度。

2.3　多项目资源配置理论与方法

2.3.1　资源配置概念及重要性

（1）资源配置概念

企业资源配置是指企业根据战略期所从事的经营领域，以及确立竞争优势的要求，对其所掌握的各种经济资源，在质和量上的分配。其目标旨在实现用最低的资源成本，保证企业各项生产运营活动的顺利运行，并尽可能实现企业利益最大化。因此资源能否发挥出最大效用取决于资源配置水平的高低。

资源配置的前提是对资源需求的识别，根据资源分类识别每种资源在单位时间上的资源需求量。在工程调度过程中常把资源分为三类，分别是可更新资源、不可更新资源以及双重约束资源。这里只考虑可更新资源的配置问题。

（2）资源配置重要性

管理者对资源组合进行有效的配置利用是项目管理的实质。现阶段建筑施工企业同一时间内运行多个建设施工项目已十分普遍。因此，企业对于多项目管理的需求十分迫切。对整个系统而言，由于资源有限性的客观存在，当多个项目并行时，管理者无法像实施单个项目时做到为每个项目都配备好所需全部资源，所以当有限资源量无法满足项目需求时，就会形成资源需求缺口，各项目间即会形成对影响其项目进度的关键资源的争夺，从而产生资源冲突问题。

当今建筑施工企业多项目管理面临的诸多问题中核心的问题就是资源冲突问题。随着社会经济不断发展，现阶段建筑施工企业在建项目数量持续保持高位，相应的资源需求量很大，管理具有相当难度，在管理过程中越来越多地面临包括进度计划冲突、技术处理冲突、项目优先级别冲突以及资源冲突等多种冲突问题。专家在对企业多项目管理中诸多影响因素调查后，梳理总结出了各种因素对多项目管理影响的重要性程度，如图2.6所示。"资源短缺和不合理配置"因素占比24%，是影响多项目管理的关键性因素之一，其对项目顺利完成、企业整体利益最大化乃至企业战略目标实现的重要性可见一斑。

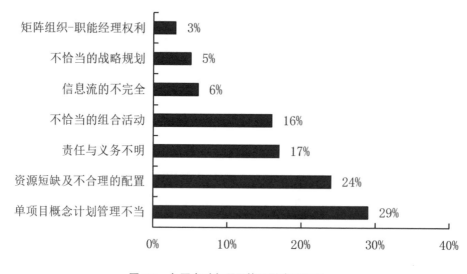

图2.6 各因素对多项目管理影响重要度

项目能顺利完成，企业目标能顺利实现，这离不开企业对资源配置方面的投入。任何资源的取得，都需要企业投入相应成本，如果资源配置不合理就会造成企业资源的浪费。事实上，受到上文所述资源特性的影响，当企业中某个职能部门或是某个项目过多地占用资源时，受制于资源的有限性及项目对资源的独占性倾向，势必会造成资源局部短缺或闲置，而资源中的关键性资源更会对项目进度产生影响，不可避免地造成时间成本及管理成本的抬升，并进一步加剧企业各项目之间的资源争夺，最终导致资源不足和不合理配置，累及项目顺利完工和企业战略目标达成。

因此，使用有效的方法进行合理的资源配置对多项目管理的成功起着关键性作用。合理的资源配置能降低资源的利用成本，化解项目之间的资源冲突，提升企业的盈利能力和管理能力。合理的资源配置能使项目顺利实施，企业健康发展。特别是对于建筑施工企业而言，其与业主相比所能掌控的资源显得更加不足，在多项目环境下，企业常常面临可供调配的资源短缺等问题，多个并行项目间的资源竞争、冲突和共享始终存在。如何把有限的资源进行和合理的配置是成本控制的关键，多项目间进行合理的资源配置对于项目的成功和企业战略目标的实现来说非常关键。

2.3.2　建筑施工企业多项目资源配置特点与优化目标

多项目同时进行的情况在建筑施工企业中越来越常见，每一个项目的实施都离不开资源，这些资源中既有企业自身的内部资源，又有从外部购买来的外部资源。其中，企业内部资源往往有限，不可能满足每个项目的所有资源需求，而当资源需求无法满足项目要求的时候，正在执行的多项目之间就会产生资源需求冲突进而对整体项目进度、成本乃至最终成功产生不利影响。在资源有限的情况下，如何合理地分配资源是建筑施工企业需要重点关注并解决的问题。

（1）建筑施工企业多项目资源配置特点

建筑施工企业在多项目资源配置主要存在以下特点：

1）多项目并存。项目的资源配置需要在多项目中达到协调平衡的关系，而不仅仅涉及单一项目。多个项目共享企业的资源是项目型企业的典型特点。作为项目型企业其中一种的建筑施工企业，当某种有限的资源不能同时实施的项目时，就必须为该资源制订合理的配置方案以保证企业的整体效益。

2）全面管理，粗细结合。项目管理能力是体现建筑企业综合实力的重要指标，而项目管理能力的大小又体现在资源管理水平上。多项目之间的资源配置是一项综合性较高的管理工作，在工作逻辑关系设置和各项项目任务顺序安排时，在考虑资源的限制条件的同时，需遵循全面管理—粗细结合的原则，既需要制定企业层次的整体资源计划，也要兼顾详细的项目层次及各单位单项工程的资源配置安排。

3）资源配置的随机性。建筑施工企业在同期承接多个工程项目时，项目之间可能有共性或相关性，但也可能完全不相关。因为不同项目的规模、工期和对业主及施工方的意义等不可能完全相同，且资源也是有限的，所以多项目资源配置应当具有随机性。

（2）建筑施工企业多项目资源配置优化目标

基于资源配置的特点，将建筑施工企业多项目管理中资源优化配置的目标归纳为以下几点：

1）在企业组织层面保障企业战略目标的达成。建筑施工企业利润主要来源于其所承接的各个项目，在企业日常管理过程中经常会遇到多个项目对于有限资源的争夺，怎样将企业战略、资源与项目三者有效结合，从企业战略角度整合资源配备，建立基于战略目标的高效资源配置方法体系，以实现有限资源优先分配到最为符合企业既定战略的项目上，保障企业战略目标的最终顺利完成，是企业追求的目标之一。

2）在项目层面对多项目之间的矛盾进行协调，化解多项目间的资源冲突，提高各项目的资源利用率以保证各项目能按期完成。对于建筑施工企业，项目管理的水平不仅取决于企业所拥有的资源的质量与数量，更多的还取决于企业对资源的利用效率。如何在资源有限的情况下进行合理的资源调度，减少多项目的总工期，以及如何在工期固定的情况下使资源分配得更加均衡，挖掘出资源利用的潜力也是企业所追求的目标。

3）基于企业战略目标，实现全面规划。当建筑施工企业进行投标时招标方首先要对建筑施工企业的投标资格进行审查，而审查过程中的一项关键指标就是工程业绩。当前建筑施工企业在日常经营中要经常面对复杂的多项目管理环境，其中每个项目目标的实现程度都会对企业的业绩产生影响，因此对工程业绩的检验也是对企业战略目标实现程度的检验。因此，企业的资源配置必须以企业战略目标为出发点，从项目选择开始，统筹安排，全面设计，最终反馈到项目实施过程中。只有这样才能整体上对企业的资源进行合理的配置，保证项目既定目标的顺利实现。

2.3.3　资源优化方法与工具

（1）网络计划技术

网络计划技术源自 20 世纪 50 年代中后期，是一种对任务工作进度进行安排与控制以实现既定目标的计划管理技术。包括关键路径法（Critical Path Method，CPM）、计划评审技术（Program Evaluation and Review Technique，PERT）、关键链法（Critical Chain Method，CCM）等。这些方法均建立在网络模型基础上，因此称之为网络计划技术。其基本原理为：从管理项目总进度出发，以项目中各任务所需时长为时间要素，通过网络图与数学运算表达预定计划任务进度安排与各任务间逻辑关系。继而基于网络图计算时间参数，确定计划总工期，在约束条件下按照设定目标改善网络计划，并以信息反馈进行监督与控制，最终实现对项目各项任务所需资源进行合理配置。网络计划技术是在网络图上标注任务时间参数进行进度计划编制的，因此网络计划技术主要由网络图与网络时间参数两大部分组成。

1）网络图

网络图由众多节点与箭线等组成，用以表示项目中各组成部分之间的逻辑关系。根据绘图符号的不同，网络图主要可分为单代号网络图（activity-on-node，AON）和双代号网络图（activity-on-arc，AOA）两大类，二者同属确定性网络模型，项目任务的持续时间均为确定的单一数，且任务之间不存在回路，只有所有的紧前任务完成后才能开始后续任务。

单代号网络图由许多节点、箭线以及线路构成，其中，节点及其编号用以表示某一项任务（活动），节点号即任务代号，由于任务代号具有唯一性，因此称作"单代号"。箭线用来表示任务之间的逻辑关系，如图 2.7 所示。

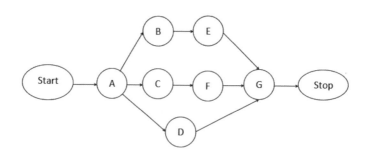

图 2.7　单代号网络图示意图

与单代号网络图一样，双代号网络图同样由节点、箭线与线路组成，但各自的含义与单代号网络图不尽相同。双代号网络图中的每个任务用一条箭线与两个节点表示，每个节点进行编号，箭线的首尾节点各自代表任务的起点与终点，因此称作"双代号"。与单代号网络不同，双代号网络中存在虚箭线，表示相邻任务间的逻辑关系，不存在时间和资源消耗，如图 2.8 所示。

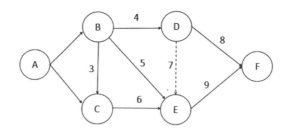

图 2.8　双代号网络图示意图

在网络计划技术的应用上我国一直都是应用双代号网络计划，而对于国际上通行的单代号网络计划并不够重视。而从应用角度来说，单代号网络图在易用性和容错性上相较双代号网络图有明显的优势，因此国外在相关领域的应用上以单代号网络图为主。因此，本书在随后的研究中采用单代号网络图作为主要辅助手段。

2）网络时间参数

网络时间参数是网络计划中用于表示各项任务开始、结束等时间特征的变量。主要参数包括工期 T、最早开始时间 ES、最晚开始时间 LS、最早结束时间 EF、最晚结束时间 LF、自由时差 FF 及总时差 TF 等。

（2）资源优化分类

网络计划优化根据不同的优化目标与限定条件，可分为工期优化、费用优化与资源优化三类。其中，工期优化指网络计划中数学运算得出的工期无法满足项目需求，要求在不改变网络计划内各任务间逻辑关系前提下，通过压缩工作持续时间来满足工期目标要求；费用优化是在一定约束条件下综合考虑工期与成本间关系，以期找出能够缩短项目工期的方案，并同时降低成本费用，因此也称为工期—成本优化；资源优化则是通过改变非关键任务的开始与结束时间，使资源依据时间分布达成预定计划目标。

随着市场经济的不断发展，建筑施工企业同时实施的项目数量不断增多，在这种环境下，企业面临许多挑战。一方面，项目数量增多势必会造成资源投入加大，但是企业总体资源的有限性是长期存在的；另一方面多项目环境下经常会发生资源需求出现波动的情况，这会增加项目的成本。

因此，基于以上所述的实际背景，对于网络计划的资源优化主要分为两种类型，分别是"资源有限，工期最短"和"工期固定，资源均衡"。

"资源有限，工期最短"优化，又可称作资源受限条件下的项目进度优化问题，旨在综合考虑项目中各任务逻辑关系和资源约束的前提下，通过合理安排调整任务开始时间，达成项目工期最短目标。

"工期固定，资源均衡"优化，则是在工期不变前提下，利用非关键任务时差，调整非关键任务的开始与结束时间或任务执行模式，使得工期范围内各时段资源需求量相对接近，以达成项目资源需求量均衡的目标。

建筑施工企业中相当一部分项目在多项目环境下进行，这些项目之间往往并非独立，存在着包括资源竞争在内的多种联系，特别是并行项目间的资源冲突与工期冲突使得企业多项目管理进一步复杂化，由此所产生的企业多项目环境下的资源约束问题是多项目管理中的关键问题之一。资源配置的合理与否会对项目的成功及企业整体效益产生直接影响。诸如 CPM 和 PERT 等传统的项目管理方法，在单项目或者项目规模较小时尚能够较好辅助企业进行项目管理。但是由于忽视了资源约束的存在，在现实中资源有限的情况下逐渐显露问题处理局限性，已经不能有效地对并行多项目进行管理。因此，为解决多种资源工序矛盾以及实现资源的均衡利用，本书针对建筑施工企业多项目管理环境，对具体项目层面的资源优化研究按照"资源有限，工期最短"及"工期固定，资源均衡"这两类问题展开，进而尝试采用合理、准确、高效的方法对这两类问题进行求解。

（3）问题模型求解方法

在计算机科学中，具有多项式时间求解算法的问题被称为 P 类问题。而迄今为止还未被找到存在多项式算法能解决的问题被称为 NP 类问题，而其中 NP 完全问题（Non-deterministic Polynomial complete Problem，NP-C 问题）是 NP 类问题中最困难的问题类型。而 NP 困难（Non-deterministic Polynomial-time hard，NP-hard）问题则是计算复杂性理论中最重要的复杂性类之一。某个问题之所以被称为 NP-hard，当且仅当存在一个 NP-C 可以在多项式时间图灵归约到这个问题。由于 NP-hard 问题不一定是 NP 问题，也即未必可以在多项式的时间内验证一个解的正确性，因此即使 NP-C 问题有多项式时间内的解，NP-hard 问题依然存在没有多项式时间内解的可能。

不管是"资源有限，工期最短"问题还是"工期固定，资源均衡"问题，都是一类组合优化问题，这类问题作为运筹学领域中的经典分支，涉及一组离散变量值，旨在通过数学方法搜寻离散时间的最优编排、分组、次序等。从形式上来看，组合优化问题通常可用三参数（D, F, f）进行表示。D 为决策变量定义域；F 为可行域，$F = \{x | x \in D, g(x) \geq 0\}$；$f$ 为目标函数。优化目标为搜索全局最优可行解 x'。其中，最小值问题对于所有 $x \in F$，均有 $f(x') \leq f(x)$；最大值问题则对于所有 $x \in F$，均有 $f(x') \geq f(x)$。

大多数组合优化问题都可以根据计算复杂性理论被证实为是 NP-hard 问题，这类为题的最优解无法用传统运筹学求解方法在多项式时间内找到。因此人们使用能在多项式时间范畴内求解的近似算法求解此类问题。目前对于复杂组合优化问题的求解算法主要集中在智能优化算法上，智能优化算法（元启发式算法）是一类通过模拟某一自然现象或过程而建立起来的具有高度并行、自组织、自学习与自适应特征的适于复杂的高度非线性问题求解的算法。这类算法种类很多，包括模拟退火算法（Simulated Annealing，SA）、蚁群算法（Ant Colony Optimization，ACO）、禁忌搜索（Tabu Search，TS）、粒子群算法（Particle

Swarm Optimization，PSO）和进化计算（Evolutionary Computation，EC）等。在实际的组合优化问题求解方面，智能优化算法已经被证明能在合理的时间内显著提高所得解的质量。对于数据量庞大而复杂的问题，使用智能优化算法的优势明显。

2.3.4　企业战略与多项目资源配置

（1）企业战略

"战略"一词最早是军事方面的概念，其含义原为"将军克敌制胜之科学与艺术"。《辞海》中将其释义为：对战争全局的筹划与指导，也指重大的全局性与决定全局的谋划。随着经济社会的不断发展，企业规模随之扩大，经营条件及市场竞争环境日益复杂化、激烈化，为适应这一趋势，企业管理者开始寻找能够指导企业适应环境发展变化的理论，由此"战略"一词被引入企业管理领域中继而被赋予了新的内涵，即在竞争环境中，企业组织为适应未来发展的变化，寻求稳定发展并长期生存而制定的总体性与长远性筹划，是企业为实现其目标而采取必需的组织行为序列与资源配置纲要，也是制订各项计划的基础。

（2）战略对多项目管理的作用

由上文对多项目管理的特征与方法的叙述，可以看到战略在多项目管理中具有重要意义，企业战略作为多项目管理的基础和依托，与多项目管理活动相辅相成，引导企业多项目的选择、管理与资源配置。而战略的实现要基于组织范围内多项目的成功。具体来说战略对多项目管理的作用如下：

1）战略引领资源配置方向。合理有效的战略规划，可以引导企业将有限的资源配置到重点的方向上，这个过程除了注重现有利益外，更加看重的是企业未来的发展机遇。

2）战略促进资源储备。在企业战略实施的过程中，由于资源具有可变性，所以可以通过对现有资源进行整合，在变化中创造新的资源，使企业可以在低成本和高速度下储备核心资源。

3）战略促进资源有效利用。战略能促进企业对资源潜力进行充分挖掘，使资源利用效率得到提升，发挥其最大效用。

4）战略推进组织变革。前文已经探讨过战略制定与战略实施的问题，可见战略实施越来越受到各方关注，如何将企业制定的战略进行有效实施，这是一个系统性的难题。战略的实施离不开企业全方位的支持，特别是组织机构的支持，而这也在一定程度上促进了组织的变革。

2.3.5　建筑施工企业多项目资源配置方法与流程

随着时代的发展和市场竞争的加剧，传统的项目管理和资源配置方法面临着新的挑战。现代项目管理始自 20 世纪 40 年代，美国军方在研制第一颗原子弹的"曼哈顿计划"中使用甘特图协助其进行项目的计划与协调。自此，历经 80 年的发展，从最初的对所完成项目"一次性任务"的管理实践活动的经验总结，到满足项目目标"三重约束"的项目管理工具和方法，再到现在的现代项目管理科学体系，项目管理的理论不断丰富扩展，知识体系结构不断完善，并越来越多地在企业实际管理过程中发挥重要作用。但是传统的项目管理理论方法主要针对单项目运作实施环境，关注的目标也仅局限于单个项目自身，无法在企业组织范围内对资源进行合理配置，特别是近几年来，越来越多的建设工程呈现复杂、大型、群组等"巨项目"形态，管理难度随着所承接项目复杂化、大型化、群组化等趋势不断增加，对于建筑施工企业来说，多项目往往是在人力、材料、机械设备和资金等约束条件制约下的一系列项目组合或项目集，面对多项目同时进行的情况，企业原有注重单项目目标实现的管理模式与资源合理配置需求之间的矛盾开始凸显，内部资源争夺冲突加深，长期来看势必影响企业项目运行效率和整体发展战略。

现在关于多项目资源配置的研究大多存在一定局限。一方面，部分研究过多地关注项目评估、优先级评定，缺少对项目具体实施阶段资源优化配置的阐述，对于企业多项目实施中资源配置过程的实际指导意义不强；另一方面，仅对项目实施阶段进行的资源优化研究又忽视了企业既定战略在企业整体层面资源配置中的重要导向作用，使得项目的选择与组合设计存在较大的随意性，造成资源配置的方向与战略导向相偏离。因此，充分考虑资源配置中整体与局部两个层面，找出二者之间存在的内部联系，设计一套涵盖全面的多项目资源配置方法与流程对建筑施工企业多项目资源管理更具实践意义。

基于上述分析及前文对所需理论的相关阐述，针对建筑施工企业多项目资源配置过程中的实际问题，本书尝试对建筑施工企业多项目资源配置流程进行以下设计：企业战略制定阶段（Strategy）—项目组合设计阶段（Design）—组合资源约束分析阶段（Analysis）—项目资源配置阶段（Allocate）—项目实施与控制阶段（Practice）（简称 SDAAP 流程），如图 2.9 所示。

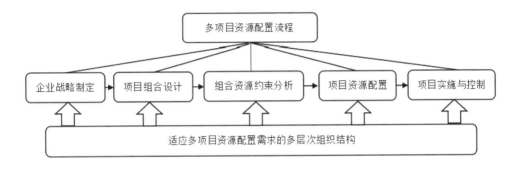

图 2.9　建筑施工企业多项目资源配置流程

（1）企业战略制定

从实践经验来看，企业战略在市场竞争中发挥着重要作用，也越来越受到企业决策者和相关研究人员的重视，为实现企业长远目标规划，决策者需要根据企业内外部环境为其制定与之相适应的战略。战略制定和战略执行是企业战略管理的两个重要组成部分。战略制定关注"做正确的事"，反映组织决策的形成过程，而战略执行则关注"正确地做事"，反映目标实现的执行过程。企业战略的制定为后续工作的开展奠定了重要的基础。

（2）项目组合设计

在制定完企业战略目标后，要基于 BSC 对企业的战略目标进行分解，建立包含项目战略对应评估关键因素的指标体系，然后基于项目战略对应度综合评价的结果，对企业中的项目进行选择与组合设计，找到对企业战略目标点实现有促进作用的项目机会。筛选完成后，对多个项目进行项目组合设计，将企业的战略目标与项目组合乃至单个项目目标有机结合起来。

（3）组合资源约束分析

在识别了项目的资源需求之后，企业需对资源约束情况进行分析。所谓资源约束是指项目进度中的某一时间任务节点的资源数量无法满足该任务需求，由于企业项目管理越来越多地面对多项目管理环境，资源数量往往无法满足全部项目的需求，资源约束往往存在于企业多项目管理中，因此分析资源约束对项目资源配置有重要作用，资源约束的分析过程即为设定多项目共享资源池，并将企业可用资源实时更新到共享资源池中的过程。

（4）项目资源配置

在分析并确定了资源约束之后，需要对项目层面的资源配置进行具体的安排。由于项目施工受多重因素制约，特别是在多项目环境下，可受调配的资源总量有限，这就要求各项目资源需在资源限制条件下进行合理安排以尽可能满足所有项目的预定工期乃至缩短项目总工期。

此外，对于工程项目来说，由于其具有任务种类较多、各任务对于资源需求情况不同、任务间存在复杂逻辑关系等特点。因此，在项目资源需求计划中，通常会出现资源在项目实施过程中分布不均衡的情况，这种情况会给资源供给和管理带来难度，进而可能造成施工冲突和资源浪费，提高项目施工成本，因此也需通过合理安排，使得预定工期不变的条件下，使资源调用尽量均衡、连续、高效。

（5）项目实施与控制

在项目的实施与控制过程中，我们要根据资源配置安排，引导资源进行合理配置，保证项目的顺利实施。

从整体的流程来看，企业战略制定是多项目资源配置流程后续工作的基础，项目的实施与控制是资源优化配置的成果体现，而第二、三、四阶段是多项目资源配置流程的核心环节，也是本书重点关注与研究的内容所在。

除此之外，要想实现 SDAAP 流程在建筑施工企业中及逆行畅顺流转还要解决许多问题。其中，资源的合理配置需要协调各部门间、各项目间以及部门项目间的关系，而协同与配合往往是传统组织结构中所面临的困难最大、效率最低的工作任务，特别是随着企业管理项目数量的增多，传统组织结构的局限性凸显，往往无法妥善处理部门与项目以及项目与项目之间的关系。鉴于资源稀缺性和职位高低设置不合理等问题的客观存在，一些传统组织结构还在一定程度上加剧了职能经理与项目经理以及项目经理间的冲突关系。因此，要在多项目管理中实现资源的合理配置，需要更加适应组织协同需求、消解各方之间冲突的组织结构对SDAAP 流程进行支撑和完善。

2.4 本章小结

本章首先对项目组织结构、多项目优先级评价、多项目资源配置理论与方法等内容进行了阐述，在此基础上针对建筑施工企业特点指出其多项目管理特征及其在多项目管理中所面临的关键问题。并着重对这些问题中最为核心的多项目资源配置问题的特征以及资源配置方法进行分析，明确了战略在企业整体层次资源配置中的关键作用。最后梳理出了建筑施工企业多项目资源配置的 SDAAP 流程，为下文做出了理论铺垫。

第3章　多项目管理组织模式

就组织理论而言，如何借助创新的引入来提升企业资源配置运行效率一直以来都是学者研究的重要课题。对于建筑施工企业来说，其管理的核心在于对工程项目的管理，从当前格局形势来看，这种管理日益向大型化、集成化、多项目的方向发展。如果说在单项目背景下，传统的组织模式尚能够对企业与项目组内资源进行优化，那么在多项目背景下，已经可以看到以往的组织模式很难有效地调度优化资源，及时协调平衡各种矛盾，组织协调、资源优化配置、项目优先级别排序等已成为建筑施工企业管理亟待解决的问题。因此，构建适合建筑施工企业多项目条件下的组织结构模式对企业资源优化配置乃至企业发展战略目标的最终实现至关重要。

3.1　组织结构模式对建筑施工企业多项目资源配置的影响

组织是一个复杂存在体，其核心使命的确定为组织内部资源配置等活动提供了指导性依据。建筑施工企业多项目管理组织有别于其他企业组织，其本身往往具有开放性、长期性、动态性等特点，且随着现阶段企业项目数量的不断增加、项目规模的扩展以及项目执行区域的多样化，企业内外部环境、资源等协调问题日益突出，企业在多项目管理中不仅要应对技术、资金等固有问题，还要面对多项目间的资源优化配置的问题。良好的资源优化配置对项目的顺利实施能够发挥推动作用，而匹配资源优化配置工作的组织结构则有利于企业管理者领导决策作用的发挥，促进各部门间、各项目间以及部门项目间的沟通与协调，提高资源优化配置方案的实施效率，为企业资源在多项目间的优化配置提供配套环境与运行空间。

组织结构模式是指组织内部各成员之间的权利与责任关系，包括高层组织结构（股东会、董事会等）和执行层组织结构（中层、基层组织结构）。古典组织理论的组织结构是指组织内部各机构的职能结构（关键职能）、权责结构（权责分工及相互关系）、层次结构（纵向管理层次）、部门结构（横向结构）及其组合形式，强调分工与层级划分。现代组织理论研究组织的整体效率，强调组织效率胜于资源配置效率。管理者在设立或变革企业的组织结构时，就是在进行组织结构设计。

长期以来，我国建筑施工企业在生产实践中形成了包括直线职能式、项目式、矩阵式等在内的多种组织结构及其相应的组织文化。

（1）直线职能制

直线职能制又称为 U 型结构，是管理经典组织理论中直线式和职能式的组合，具有两者的优点，特点是根据职能来划分部门，如财务部、人力资源部、战略部等单位，同时还根据业务划分业务单元，是公司总部或母公司对职能部门进行统一的领导的一种高度集权的管理和控制组织形式。具体组织结构图如图 3.1 所示。

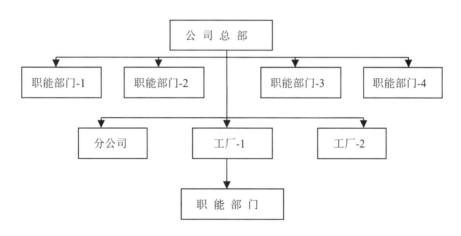

图 3.1　直线职能制结构图

直线职能式组织结构最为常见，这种主流的组织结构形式具有各级机构和人员分工专业、部门职能明确等特点。但也正由于这些特点，导致能够对项目负责的权力中心的缺失，而以部门目标为导向的组织特性也使得各方目标不够统一，协调难度较大，特别是当前形势下，企业越来越多地面临多项目管理环境，上述问题出现的频率与复杂程度越来越高。

具体来说，直线职能式组织结构的优点是组织管理体系的高度集中统一，增强了管理控制的力度，但由于权力的过于集中，而使得下属单位或职能部门缺乏自主性和能动性，因此往往企业总部的管理压力比较大，而管理中的成本也比较大，效率低下，无法保证企业的对外竞争力，更无法适应日新月异的外部竞争环境的变化。因此这种组织结构形式仅适用于企业经营或生产业务比较单一、企业规模较小的企业，显然这种管理模式已经不能适应目前我国快速发展变化的经济环境以及不断扩大的企业规模。

（2）项目式

项目式组织形式是按项目划归所有资源，属于横向划分组织结构，即每个项目有完成项目任务所必需的所有资源，组织的经营业务由一个个项目组合构成，每个项目之间相互独立。

每个项目实施组织有明确的项目经理或项目负责人，责任明确，对上直接接受企业主管或大项目经理领导，对下负责本项目资源的运用以完成项目任务。在这种组织形式下，项目可以直接获得系统中的大部分的组织资源，项目经理具有较大的独立性和对项目的绝对权力，项目经理对项目的总体负责，如图3.2所示。

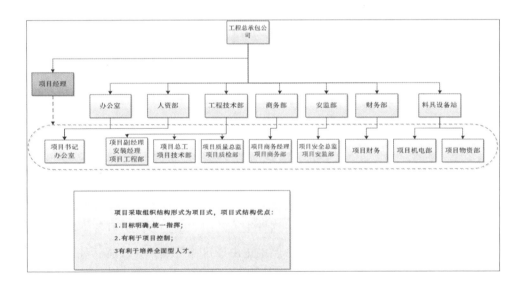

图 3.2　某工程公司的项目式组织结构

（3）矩阵式

职能式组织形式和项目式组织形式各有其优缺点，而且职能式组织形式的优点与缺点正好对应项目式组织形式的缺点与优点。如何建立一种组织形式既有两种组织形式的优点，又能避免两种组织形式的缺点呢？矩阵式组织形式较好地解决这一问题。矩阵式组织形式的特点是将按照职能划分的纵向部门与按照项目划分的横向部门结合起来，构成类似矩阵的管理系统，在组织资源合理配置与利用方面显示出强大的优越性。

当很多项目对有限资源的竞争引起对职能部门的资源的广泛需求时，矩阵管理就是一个有效的组织形式。传统的职能组织在这种情况下无法适应的主要原因是：职能组织无力对包含大量职能之间相互影响的工作任务提供集中、持续和综合的关注与协调。因为在职能组织中，组织结构的基本设计是按职能专业化和职能分工的，不可能期望一个职能部门的主管会不顾他在自己的职能部门中的利益和责任，或者完全打消职能中心主义的念头，使自己能够把项目作为一个整体，对职能之外的项目各方面也加以细心关注。

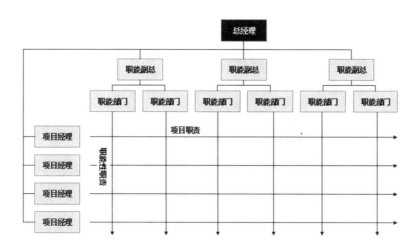

图 3.3　矩阵式组织结构

在矩阵式组织形式中，项目经理在项目活动的"什么"和"何时"方面，即内容和时间方面对职能部门行使权力，而各职能部门负责人决定"如何"支持。每个项目经理要直接向最高管理层负责，并由最高管理层授权。而职能部门则从另一方面来控制，对各种资源做出合理的分配和有效的控制调度。职能部门负责人既要对他们的直线上司负责，也要对项目经理负责（图3.3）。这种组织形式不仅有利于项目的综合管理，也有利于各管理职能部门的横向联系与协调。矩阵式组织形式首先在美国军事工业中实行，它适应于多品种、结构工艺复杂、品种变换频繁的场合。

根据横向划分和纵向划分相结合的强弱程度，矩阵式项目组织形式又可以分为强矩阵式、弱矩阵式、平衡矩阵式和复合矩阵式组织形式。

1）强矩阵式组织形式。

图3.4是一种典型的矩阵式组织形式，常称之为强矩阵组织形式（图3.4）。这种组织形式是在原有职能式组织形式的基础上，由组织最高领导者任命对项目全权负责的项目经理，项目经理直接对最高领导者负责，或者在组织中增设与职能部门同一层级的项目管理部门，项目管理部门再按照不同的项目委任项目经理，直接对最高领导者负责。在强矩阵组织中资源均由职能部门所有和控制，每个项目经理根据项目需要向职能部门借用资源。各项目是一个临时性组织，一旦项目任务完成后就解散。各专业人员又回到各职能部门再执行别的任务。项目经理向项目管理部门经理或总经理负责，他领导本项目内的一切人员，通过项目管理职能，协调各职能部门派来的人员，以完成项目任务。强矩阵式组织形式对实施大型、复杂项目比较有利。

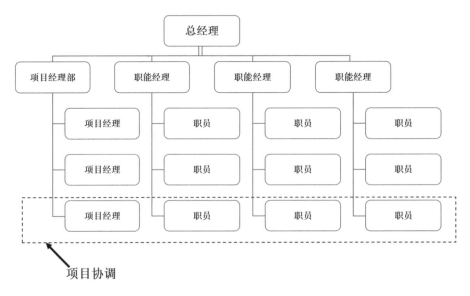

图3.4　强矩阵式组织形式示意图

2）弱矩阵式组织形式

弱矩阵式组织形式基本上保留了职能式组织形式的主要特征，但是为了更好地实施项目，建立了相对明确的项目管理团队，这样的项目管理团队由各职能部门下属的职能人员所组成，这样针对某一个项目就有对项目总体负责的项目管理人员。但这种组织形式并没有明确对项目目标负责的项目经理，即使有项目负责人，他的角色只不过是一个项目协调者或项目监督者，而不是真正意义上的项目管理者，项目人员的唯一直接领导还是各自职能部门的负责人。对项目管理而言，弱矩阵式组织形式优于项目的职能式组织形式，但是由于项目化特征较弱，当项目涉及各职能部门且产生矛盾时，因为没有强有力的项目经理，各职能部门的项目人员很可能会过多地从本部门的利益出发来处理问题（图 3.5）。

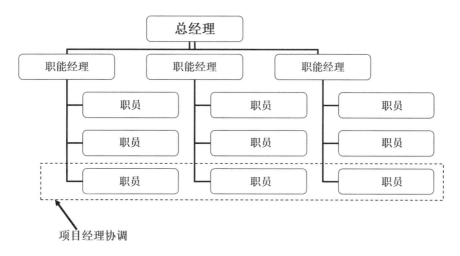

图 3.5 弱矩阵式组织结构示意图

3）平衡矩阵组织形式

平衡矩阵组织形式也称中矩阵组织形式，是为了加强对项目的管理而对弱矩阵组织形式的改进；与弱矩阵组织形式的区别是从职能管理部门参与本项目的人员中选出一位对项目负责的管理者，即项目经理，对此项目经理赋予一定的权利，使其对项目总体与项目目标负责，平衡矩阵组织形式与弱矩阵组织形式相比，对项目管理更有利。在平衡矩阵组织形式中，项目经理可以调动和指挥职能部门中的相关资源来实现项目，在项目上享有一定的权利（图 3.6）。

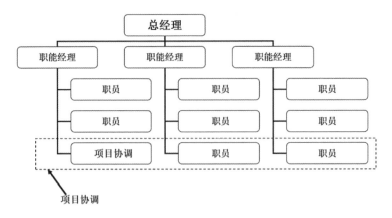

图 3.6　平衡矩阵式组织结构示意图

4）复合矩阵式组织形式

复合矩阵式组织结构是一种将弱矩阵式与强矩阵式组织结构相结合的组织形式。在这种组织结构中，不同的项目可以采用不同的组织形式，根据具体情况进行调整。这种组织结构的优点是灵活性强，可以根据不同的项目进行调整，缺点是需要更多的管理和协调（图 3.7）。

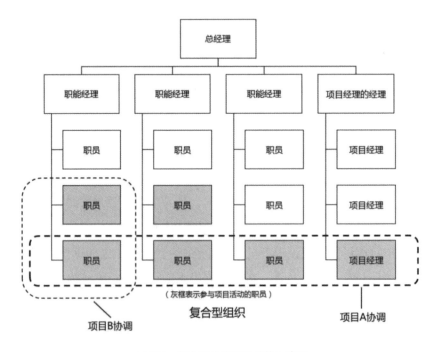

图 3.7　复合矩阵式组织结构示意图

为找到更适合多项目资源配置的组织结构，这里对直线职能式、项目式和矩阵式等几种典型的建筑施工企业组织结构的概念及其在多项目资源配置中的优缺点进行分析。各种常见的组织结构对多项目资源配置的主要优缺点对比如表 3.1 所示。

表 3.1　三种常见组织结构的比较

组织形式	主要优点	主要缺点
直线职能式	◆便于资源集中管理 ◆利于资源培育与项目难题攻克 ◆利于职能部门按项目需求分配资源 ◆便于职能部门总体把握资源使用	◆不利于资源在项目中的使用 ◆不同部门间资源协调难度较大
项目式	◆便于项目资源总体配置 ◆利于项目经理对资源调度控制 ◆利于单项目资源协调配置	◆不利于资源的长期培育发展 ◆不利于资源在多项目间共享 ◆资源利用效率低易产生资源闲置
矩阵式	◆便于部门间资源的合作与协调 ◆利于资源在不同项目间共享	◆资源稀缺时项目经理间以及项目经理与职能经理间存在冲突且难以消解

在多项目资源管理过程中，不同类型的组织结构对资源的配置效率和共享程度的影响和作用具有较大的差异性，没有证据表明哪种组织结构是最优的，各种组织结构都有其优缺点及适用环境。项目管理在建筑施工企业中的应用需要与之相适应的组织管理运作平台的支持。

资源配置作为多项目管理中的核心问题之一，传统组织结构已难以平衡资源在多项目中的分配，缺少了适当组织结构的支撑，多项目资源管理难以获得成效，并由此可能引发其他连带管理问题，直接影响建筑施工企业战略目标传达、各方间信息沟通及相互间协调合作，最终影响项目的成功和企业战略目标的实现。

3.2　多项目资源配置对组织结构的要求

3.2.1　多项目环境下建筑施工企业资源管理存在的问题

通过对现有资料与建筑施工企业实际情况，我们了解到在多项目环境下建筑施工企业资源管理中目前主要存在以下几个问题：

（1）职能部门间协作问题

企业运作多个项目必然涉及包括设计研发、招标采购、合约预算、财务、销售等在内的多个职能部门的参与。这些职能部门的员工通常关注的重心都是与自身职能相关的知识和技能，相互之间的沟通也多使用内部术语，而在多项目生命周期内，各职能部门之间的协作环环相扣，每一个部门的工作或多或少地都会影响到下一个部门，其中任何一个环节出现问题，都会对下一环节产生影响。因此，如果任由各职能部门之间交流不畅，长此以往，企业各部门被动地被分隔开来，项目资源相应地也被分割，多项目实施过程中出现的问题就会被各部门相互推诿，项目所需资源和信息无法有效整合，难以实现整体性的统筹和衔接，乃至在部门间繁杂的沟通中消耗殆尽。

（2）职能部门与项目间协调问题

当企业面向单一项目时，各职能部门工作围绕该项目开展，此时职能经理与项目经理目标一致，相应的关系处理也相对较为容易。而当企业面临多项目运作时，职能部门与项目部门之间的关系就会变得非常复杂，职能部门需要考虑如何选择优先服务项目的问题，每个项目经理的目标都是为本项目争取足够资源以使自身项目利益最大化。但由于企业总体资源的限定性，企业为实现整体利益最大化往往无法将资源均衡地在各项目间分配，从而在企业整体利益最大化和各项目效益最大化之间往往会出现冲突。另外，国内大部分建筑施工企业采用职能型组织结构模式，在这一模式下由于项目部门中存在职能部门人员，职能部门同时又要服务于项目部门，项目人员往往要同时接受职能经理和项目经理的领导，即产生多头领导问题，多头领导导致命令源不一致极易加剧矛盾和冲突。因此，在多项目环境下，最好的解决方法就是确定一个主要领导，使得指令更加清晰，员工执行起来就更加准确。职能部门与项目部门应该是一种平等的关系，相互协调，更好地服务于多项目资源配置。

（3）项目间协调问题

协调是多项目管理的三个目标之一，也是多个项目整合管理的重要举措之一，特别是企业在进行多项目资源管理时，如何协调好项目与项目之间的关系就显得尤为重要，因为企业追求的目标在于所有项目的成功，因此其关注点并非个别项目的成功，而是着力解决多项目并行时的冲突，引导多项目共同成功。但在以往的传统组织结构中，各项目经理负责各自的项目，为各自的项目争取企业资源。在有限的企业资源条件下，可能会导致有些项目经理获得较多的资源，其负责的项目取得成功，而有些项目则会由于资源紧缺影响进度和最终效益。如果说当企业项目数量偏少时，企业管理者利用原有组织模式尚能统领全局的话，那么当项目数量增加到一定程度时，管理者的协调难度就会呈几何倍数放大。而企业无法妥善协调好项目间关系的结果必然是多个项目齐头并进，资源需求频繁处于"高峰"状态，鉴于企业总体资源限定性，这种状态无疑严重制约企业的统筹发展，使多项目带来的规模经济优势大打折扣。

综上所述，多项目资源配置是一种非常复杂的综合管理行为，要求对项目进行详细周全的分析。建筑施工企业作为项目型组织，其管理模式由传统的单项目管理向当前的跨地域多项目管理模式转变，与此同时，其承接项目呈现出数量增多、规模扩大、地域扩展等趋势，由此带来了多项目中的项目执行与否、先后顺序以及资源争夺等问题，使得建筑施工企业在集团公司与职能部门、职能部门与项目之间的资源协调难度越来越大。

3.2.2　多项目资源配置存在的问题对企业组织结构的要求

多项目环境下建筑施工企业资源管理中存在的以上问题对企业组织结构提出了新的要求。在建筑施工企业多项目管理过程中，需要相应地构建与企业组织管理相适应的管理平台。其中，组织措施作为资源配置的重要手段，建立与企业多项目管理相匹配的组织结构，能够显著提升资源在多项目间共享程度与配置效率。从当前实际情况来看，我国建筑施工企业中存在多种组织结构，其中大部分组织结构较为传统，这些传统的组织模式在应对日益变化的外部环境已显力不从心，特别是企业在多项目管理环境下同时运作多个项目，部门间协作方面的冲突增加使得资源协调工作加剧，传统组织形式难以适应这些变化，从而逐渐成为制约企业发展的瓶颈。因此，新时期多项目管理环境下的资源配置管理对组织结构提出了更高的要求。

（1）企业战略目标导向

在日益复杂的工程环境中，很多风险因素是不可预知的。以往固有的工作形式通常安排精确，规则僵化，已经不能适应现在多变的内外部环境。如果要对多变的环境做出快速反应，需要一个柔性化的组织结构。企业的组织结构应该建立在传统结构的基础上，同时基于企业的战略目标和项目任务，对组织形式和管理程序进行改进，使其有利于多项目环境下的企业资源配置管理，以应对形势复杂的内外部环境，最终更好地完成企业战略目标和项目目标。

（2）资源共享

企业的组织结构应符合多项目共存环境下资源在企业内部系统化的合理安排。企业拥有的所有资源都具有价值性和稀缺性的特点。资源在多项目同时运作的条件下，资源的有限性加剧了项目间对同一资源的争夺和冲突。因此，企业的组织结构对促进资源的合理配置和提高利用效率意义重大。

（3）平衡与协调

一是平衡不同项目间的利益分配。不同项目的目标和收益水平均不同，且由于工期和技术等条件限制，项目的实施难度也有差别，不同项目的管理者均希望本项目获取最优的资源支持，这使得项目间的冲突更加激烈。同时，同一企业不仅要处理不同项目间的利益平衡问题，而且还要解决同一项目在不同的时期的利益平衡问题。因此，企业应该具备合理的组织结构，既能保证不同项目的目标顺利实现，也能保证企业整体利益的最大化。

二是协调企业部门与项目间关系。鉴于项目经理与企业职能经理的职责范围不同，一定程度上的权利冲突在所难免。项目经理主要承担项目的组织、人员的构成、项目预算，以及项目实施指导、计划和控制等工作，而职能经理则主要对项目技术的制定、完成一定工作的人员安排等加以干预。按照行政关系划分，项目经理与职能经理的地位基本相同，均为项目成员的领导，由此便可能出现"多头领导"指令冲突的现象，可能导致在涉及项目安排顺序、资源配置等问题上产生冲突。这些冲突必然会对工作的正常进行产生阻碍，进而影响项目目标的实现。鉴于此，需要从组织结构上解决多头领导的问题。

（4）扁平化与高效化

多项目的管理环境要求公司建立一种"主动性"极强的组织机构，在机构中的各个岗位，应更注重"以人为本"，减少管理结构层次，形成信息传递及时且适应性更强的组织结构形式以适应企业多项目资源优化配置需求。所以建筑施工企业有必要根据以上特点建立一种激励型、效率型、综合型的专业化组织机构。基于以上思想，建筑施工企业应设立扁平化组织机构，即减少企业组织的决策层和实际操作层之间的中间层级，以便组织尽最大可能将决策权延伸到底层，从而提高企业的效率。中间管理层级的减少，使得管理者更容易捕捉市场动态，底层员工也更容易了解管理者的决策意图，组织也更柔性化。

3.3　面向多项目资源优化配置的组织结构设计

3.3.1　组织结构设计原则

（1）与战略目标相一致的原则

企业组织结构是其战略目标的实施载体。组织管理最重要的特征就是以目标为导向。在进行多项目管理时，所有的参与者一致努力要为它们事先确定的、值得努力争取的目标而奋斗，即所有员工的努力应围绕企业战略目标来开展。因此，面向多项目资源优化配置的组织结构应遵循战略导向原则，构建有益于企业战略目标实现的组织结构，从而指导企业抓住机遇，提高其在市场中的竞争力，以取得和保持领先地位。

（2）创造性及协调性的原则

项目组合管理的组织形式属于网络组织形式，可以按照具体的市场变化创建新的项目组合结构，也可以在原有的组合结构中添加新的成员，这种创新的动态管理有利于组织内部不同成员之间的工作协调和信息交流。

（3）优化配置资源的原则

项目组合管理是一种动态组织管理方式，能根据不同项目集和不同项目具体的建设情况适时调整资源配置，统筹协调不同项目资源供应，确保各项目平衡开展，保证项目组合成本的最优化和利益的最大化。

（4）权责对等原则

在进行组织设计时，赋予一个职位相应权利的同时，这一职位也需要承担相应的责任和义务。对于管理岗位而言，假如管理者缺乏决策权、指挥权，就很难对员工顺利下达安排工作指令；假如管理者缺乏责任心，不承担所在职位应尽的义务，则工作很难开展，因此权责必须相辅相成。另外，权责必须对称相等。权力大于责任，容易出现滥用职权现象；权力小于责任，则管理人员的工作积极性就无法调动。

（5）设置专门的组织支持机构

建筑施工企业多项目管理面临复杂的内外部环境，管理风险和难度也随之提升，为保障多项目的顺利实施，实现企业制定的整体战略，需要设置专门的组织机构对其进行有效支撑。

3.3.2　组织支持机构

（1）项目管理办公室

项目管理办公室（Project Management Office，PMO）最早出现于 20 世纪 90 年代初，早期为适应行业的竞争压力而主要应用于 IT 行业，从 IT 行业的应用情况来看，项目管理办公室已被证实能够一定程度上减少资源浪费、推动项目进度并提升士气。目前学界关于项目管理办公室的定义不一而足，其中主要的观点认为，PMO 是将组织内部的实践、流程、运行等进行模式化、标准化，同时负责协调整合组织内各职能部门间所产生的各种工作资源冲突以提升组织管理成熟度的核心管理部门，其根据业界最佳实践与项目管理知识体系，结合企业自身及行业特点，为组织定制项目管理流程、培养项目管理团队、构建项目管理信息系统、开展多项目管理等，以此提升项目成功率，保障组织战略的有效贯彻落实。作为大型建筑施工企业内部项目管理最佳实践的核心，PMO 逐渐成为企业提升其项目分析、管理、控制等各方面能力的重要手段，其主要职能在于利用其机制通过各种方式支持项目经理工作，主要包括：

1）管理 PMO 管理范围内的多个项目共享资源。

2）协调各方关系。打通企业内部项目管理各个层级的信息反馈渠道，加强沟通以保持各方利益平衡。

3）流程、标准和方法的识别与开发。建立组织内部统一的项目实施流程、项目管理工具、项目实施指南与文档模板等一系列管理体系，构建有效的支撑环境以使项目成功经验得以复制和延续。

4）项目经理等人才的发掘与管理。

5）人才的指导、辅导、培训与监督并推动项目管理文化形成。

（2）多项目管理办公室

多项目管理办公室（Multi-Project Management Office，MPMO）是构建在项目管理办公室基础上，针对多项目管理环境的，由企业高管、高级项目经理、专家和项目协调人员等构成的组织支持机构。与项目管理办公室相比，多项目管理办公室强调多项目环境，因此在职能方面增加了项目组合分类、多项目咨询与项目后评价等几项针对性功能。

（3）战略项目办公室

为在一个组织中有效开展项目管理，需要参与方共同努力。从过往的经验来看，行之有效的项目办公室往往都是企业级的，它能够提供所有项目所需的资金、正在使用的资源、企业层级的项目资本需求信息，及物资冲突、供给冲突、供应链冲突等信息，在组织层面应用系统理论对企业进行整体优化。基于企业级跨部门工作的不断增加所带来的一系列问题，战略项目办公室（Strategic Project Office，SPO）随之诞生，很多企业的实践表明，SPO 作为流程、标准、方案的知识库，有助于提升各部门与各项目的绩效，同时有助于识别组织共享资源、化解资源冲突，更为重要的是 SPO 使组织便于将所有项目变为一个或多个相互关联的项目组合进行管理，高层管理者从 SPO 这一核心来源便可以获取整个企业所有项目活动的整体运行情况，并可使用统一的标准判定项目优先级，进而推动企业战略在项目层面的落实。从本质上来看，SPO 是从战略角度出发建设的 PMO，正是有了 SPO，PMO 才真正迅速地发挥作用、产生价值。PMO 的主要职能前文已有叙述，而 SPO 则在 PMO 基础上增加了战略职能，因此职能和复杂性也有所提高，其增加的职能主要包括：

1）基于企业战略进行项目取舍或启停。战略项目办公室的首要职能便在于将项目预期实现目标与企业战略目标相匹配，从源头上选择符合企业战略的项目，确保企业"做正确的项目"。

2）保障符合企业战略的项目取得成功。对企业战略目标层层分解，并据此对项目提供支撑，在项目实施过程中进一步贯彻企业战略。动态监控项目实施情况，使企业战略落实到项目目标之中，引导并辅助项目管理团队成功完成既定目标，确保符合企业战略的项目最终获得成功。

3）确保决策者便捷地获取最佳信息。作为项目信息的交流中心，战略项目办公室负责项目组合管理的流程，并通过协调项目层面和项目组合层面，最大限度保证决策者能够及时准确地获取最佳信息，从而为项目经理所要开展的工作提供指导。

3.3.3 流程导向型组织结构模式

流程导向型组织结构模式是以企业业务流程为主导，以职能服务中心为辅助的一类扁平化组织模式。这种模式打破了传统劳动分工理论的思想体系，强调建立以"流程导向"来替代"职能导向"的组织，并利用先进的信息技术和先进的管理手段，实现技术上的功能集成和管理上的职能集成。

与传统组织模式相比，流程导向型组织在各方关系协调、组织结构功能优化等方面具有很多优势。首先，流程导向型组织中，跨职能部门的流程团队能够解决职能部门之间的协作困难和企业整体效率低下的问题。在这种组织模式中，流程经理直接领导跨职能部门的流程团队，使得各职能部门间的合作更加频繁，解决了职能岗位间相互推脱、效率低下的问题。其次，流程导向型组织结构将通常被割裂的项目流程重新整合，能够提升企业组织功能的整体性，使企业组织内部各环节活动实现增值最大化。

基于以上分析可以看到，与传统职能导向性组织模式相比，流程导向型组织模式能够更有效地处理多项目管理中的诸多问题。其不仅能够帮助企业弥补直线职能型组织应对多项目管理时的能力短板，还避免了矩阵式组织结构在职能与项目间选择困难的尴尬局面，更能够将从前被割裂开来的项目流程重新整合以提升企业组织功能的整体性，同时打破部门界限，使得各方信息交流更加顺畅，这也为多项目资源优化配置提供了便利条件。

3.3.4　基于流程导向的建筑施工企业组织结构设计

多项目管理在建筑施工企业的项目管理实施过程研究目前仍处于探索阶段，应用层面所取得的成效也各有不同。虽然很多企业已经意识到项目管理办公室的重要性并在组织机构设计中进行着重考虑，但如何在企业层面特别是针对建筑施工企业，构建卓有成效的组织结构，协调各方间关系，消解冲突，合理进行资源优化配置，目前来看仍然值得研究，也正是本章研究的意义所在。

美国商业实践中心（Center for Business Practices，CBP）是美国项目管理学院（Project Management College，PMC）的并行研究机构，根据 CBP 的研究显示，绩效评估结果较高的企业往往具备两种与组织结构相关的实践使其区别于同类其他公司：一是企业项目管理办公室允许组织将所有项目当作多个项目组合进行管理；二是企业拥有统一的负责战略管理与执行的组织机构。因此，本书结合建筑施工企业特点，以 SPO 和流程导向为核心，尝试构建一种适用于解决此类企业多项目管理中资源配置等关键问题的组织结构形式，如图 3.8 所示。

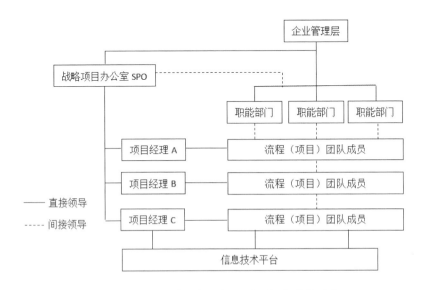

图 3.8　建筑施工企业流程导向型组织结构形式

可以看到，基于流程导向的组织作为一种扁平化的组织结构，其以企业战略为基础，以组织业务流程为主干，以部门职能服务为辅助。组织的运行机制围绕业务流程展开，职能单位整合在流程体系中为业务流程提供服务性支持。

其中，SPO 作为一个组织实体，其职能范围在涵盖 PMO 职能的同时增加了战略职能属性，战略职能的主要任务有两点：一是将企业战略与项目相关联；二是进行项目选择即优先级排序。因此，通过设立 SPO 有助于实现企业战略与资源配置的一致性，能够有效统筹协调所有项目，将企业战略与项目相关联，确保各项目反映企业高层制定的战略目标，并对项目进行选择和组合设计，从全局视角出发对各项目进行资源配置，继而授权项目经理并监控项目或项目组合的实施。

项目经理在得到 SPO 的充分授权后，直接领导跨职能部门的项目团队，并以"流程绩效"为标准对项目成员绩效进行评估。参与流程的职能人员不再向职能经理汇报工作，职能经理则转变为组织中的职能指导者和任务协调者。这种组织结构使得各职能部门间协作更加频繁，也更加符合施工工程项目地域分散等特点，能够更好地协调组织跨地域、跨部门间的合作关系，提升各项目资源配置与运行效率。

从构建的组织架构可以看到，SPO、各职能部门、项目经理以及项目团队之间关系紧密，各方间信息交流频繁。要实现信息交流的及时和准确，知识经验的储存与共享，离不开信息化平台的支撑。建立企业信息化平台是支持新型组织结构顺利、有序、高效运行的必要手段。

3.4 建筑施工企业多项目组织管理流程模式

组织管理流程模式是成套、具体并可在企业中反复应用的管理理念、工具、程序、制度和方法体系，是企业在管理过程中应当自觉遵守的管理规则。为实现项目目标与企业战略目标的一致性和有限资源的优化配置，本书基于 SPO 和流程导向构建适用于建筑施工企业的组织结构，其中，SPO、流程导向和信息化管理系统为组织构建的几个核心要素，在这些核心要素的基础上可将这种组织结构的组织管理流程划分为不同阶段。

（1）战略审定阶段

战略审定阶段是前期准备阶段，通过分析企业内外部环境，审定现有企业战略是否适应企业当前环境需求，继而修正或制定出更加合适的企业战略，为后续项目筛选与分类组合提供筛选和评估的依据。

（2）项目筛选与分类组合阶段

以战略审定阶段确定的企业组织战略为基础，将战略作为项目筛选与分类组合的依据，由战略项目管理办公室 SPO 中的项目管理咨询部门对所有项目进行研究分析，将既定战略目标分解继而综合评价项目目标与战略目标的一致性程度，对项目进行筛选与分类，并对多项目计划与实施控制阶段的可能发生的问题进行前瞻性分析。

（3）项目计划阶段

在项目筛选和分类组合后，根据各项目组合的资源分配总量，对各项目组合中共享资源的多个并行项目进行合理安排，在此基础上制定项目计划，保证在估算出的期望工期、成本、风险等程度范围内实现项目资源配置的优化目标和多项目整体效益的最大化。

（4）项目执行与控制阶段

项目计划制定后即面临项目的执行与控制，其中执行主要采取项目团队建设、信息沟通等方式，按照项目计划开展工作。交与项目部的多个项目在执行过程中，应将项目的真实情况准确、及时地反馈给 SPO，由 SPO 中的相关部门对项目总体情况进行整体分析、统筹布局，分析问题产生原因，妥善协调各方关系，并根据项目经理反馈的实际需求信息向职能部门发出指令使其能够及时有效地配合协助项目团队完成相关任务和目标。

（5）多项目评估阶段

多项目完成后，由 SPO 中的项目后评价部门根据相关数据，对多项目组合分类、计划、执行、控制以及资源配置的合理有效性等进行客观评价，为项目组合平衡及企业战略调整提供可靠依据。同时，总结多项目管理中的经验教训，并利用信息化手段将这些经验与案例数据存入数据库中，形成知识管理体系，提高企业人员整体管理水平，促进企业的战略目标实现与多项目管理可持续发展。

　　由这五个阶段构成的多项目组织管理流程模式以企业战略为出发点，根据企业战略对多项目进行初筛选择，确保将要执行的项目符合企业既定战略，继而制定一种具有全局观的主次有别的多项目资源配置计划，有利于企业管理者做出正确决策，在企业战略导向视角下规划所有项目，通过项目分类组合与整合，优化配置资源；而对企业中现有所有项目进行组织协调、执行与控制，则理顺了各方间关系，在保障了资源有序共享的同时有利于从整体上保证各项目资源配置符合企业战略目标要求。

3.5　本章小结

通过本章的研究可以看到，当企业面对多项目资源配置中存在的诸多问题时，组织结构所能发挥的作用举足轻重。构建与企业实际情况相适应的组织结构，能够使资源优化更具全局性，经组织协调优化后的资源也更易于在实际使用中得到及时的调度落实。因此，本章在前人研究的基础上，首先对建筑施工企业现有组织结构形式进行分析，指出了现有模式存在的不足，继而引入战略项目管理办公室 SPO，以 SPO 和流程导向为核心，针对建筑施工企业特征及其在多项目管理中对于战略一致、资源配置、组织协调的客观要求，提出了基于流程导向的建筑施工企业组织结构模式，继而梳理出了所提组织结构的管理流程模式以便企业管理者根据既定战略配置资源，消解各方矛盾，协调资源关系，服务于多项目资源配置的整体目标。

第4章　基于战略对应的建筑施工企业多项目组合设计与组合资源配置

从企业组织的宏观角度来看，战略对于项目选择与项目组合设计中的引导作用显著，而项目选择与项目组合设计则是实现组合资源投射的前提与依据。建筑施工企业内项目众多，各项目的特征多种多样，项目的定义往往会给企业高层领导或项目管理办公室的项目管理工作带来较大困扰。因此，从企业整体战略目标出发，明确项目定义，将企业中的多项目进行筛选与组合，根据不同项目的特征采用差异化的项目管理手段对企业多项目管理的成功至关重要。从企业整体层面来看，其利润大多来源于各个实施项目，而在日常管理中面对多个项目的管理，通常会遇到项目、企业资源配置与企业战略目标不一致的问题。这就需要企业根据其自身情况设立企业战略目标后，将企业战略目标逐层分解到项目中，将战略、资源和项目三者相结合，按照一定的标准选择最符合企业整体战略的项目，并根据项目战略符合程度对多个项目进行分类组合设计，最终确定资源的重点配置方向，实现资源在企业整体层面的合理优化配置。

4.1　建筑施工企业多项目管理的战略对应视角

对于建筑施工企业而言，组织战略对于引导相关企业的多项目资源配置发挥着极为重要的作用，将企业既定战略与多项目资源配置相匹配，既是战略管理、项目管理以及多项目管理理论发展的必然趋势，也是解决企业在新的管理环境下所面临问题的客观需求。基于战略对应视角的项目组合设计与资源配置，能够从企业整体视角引导宏观资源进行优化配置，帮助资源在企业整体层面上实现合理优化配置。

建筑施工企业在面对相当数量的多个项目进行项目选择时，会在得到所有项目的项目信息后对它们进行优选。传统的项目选择所考量的角度无外乎技术、经济与风险等,继而将综合评价的结果作为项目选择的依据,这样的评价方式只关注了单个项目目标的实现及收益,并未顾及企业整体的战略发展需要,往往会导致项目管理与企业战略的脱节,不利于企业的长远发展。

国外学者的研究较早地认识到了项目管理与企业战略脱节的问题并逐渐引起广泛关注。有学者在针对这一问题的研究中指出企业应当将项目管理融入战略管理的体系之中,选择立项时应依据企业当前或即将要实施的战略,选择那些有助于企业战略目标实现的项目,使企业战略成为项目管理的"指南针"以"保证企业做正确的事"。可见,企业战略作为项目的起始点,是多项目管理中项目选择的出发点,启动无助于企业战略目标实现的项目就是在浪费有限的企业资源,应首先在契合企业战略要求的基础上才有必要进一步地对其他指标进行衡量。

因此,相对项目的技术、经济和风险等指标来说,项目战略对应度是属于更高层次的项目选择的评价指标,通过企业既定战略对于多项目选择的预筛选作用,最终选择匹配企业战略目标的可行项目。从现状来看,关于项目评价主要是从技术可行性、经济效益、风险等方面进行研究,而从战略角度对项目进行评价的研究相对匮乏,在优先考虑企业战略目标前提下所进行的备选项目选择的相关研究亦远未达到实际应用的深度与广度。此外,战略业已成为国内外相关研究中的重要关注点之一,当前的主流观点认为企业战略是通过某种形式将其组织愿景、使命、目标、政策及经营活动相结合以促成企业形成自身战略属性与竞争优势,将不确定的环境具体化以便相对简单地解决所遇到的各类问题。其中,企业在解决这些问题之前应当首先明确自己的战略姿态。战略则可以界定为一系列服务于企业最终目标的连贯行为,而这些行为则能够促进企业不断实现更高层次的发展。

综上,在"战略对应"的视角下,面向建筑施工企业,对其众多项目进行分类组合以体现其战略导向,是实现资源在企业整体层面的合理优化配置中首先需要解决的问题,也是本书的切入视角。因此,在接下来基于战略对应的建筑施工企业多项目组合设计与组合资源配置方法构建中,我们尝试通过企业战略的分析建立项目战略对应度评价指标体系,并基于评价结果实现多项目的分类组合与资源配置,实现"做正确的项目"的目标。

4.2 项目战略对应度评估

4.2.1 项目战略对应度评估概述

（1）项目战略对应度

如前文所述，建筑企业的企业战略是通过项目来实施的，通过项目来实现企业战略目标首先要求在企业战略的指导下对企业中的多个项目进行有效的管理。因而企业战略既是项目的出发点，也是企业在面临众多项目时选择的基本依据，只有与企业战略相对应的项目才可以被选择并最终实施。

对企业备选项目进行战略对应度（Strategic coincidence degree）评估，是为保障企业进行多项目选择配置、管理与执行实施项目等经营业务活动时对应企业组织战略，同时也可以帮助企业组织制订有效的多项目资源配置与项目实施计划并认真地执行计划，最终实现组织的战略目标。参考现有的相关实证和案例结果可以看到，企业战略与项目目标相对应可以在一定程度上促进企业战略与项目目标趋向一致，促使企业资源在企业战略的导向下对多个项目进行有序投放，进而实现企业经营效益的最大化。

从过往的经验来看，在建筑施工企业中项目的选择与管理有时会出现与企业战略目标不一致的情况。一方面，选择执行项目是复杂且重要的过程，评估项目的指标体系往往涉及多个维度，其评估指标中既存在定量指标也可能存在定性指标。另一方面，企业战略目标的制定、项目的决策选择以及项目的实施往往由企业中不同管理层级与业务部门承担，代表利益的不同会使得决策者在其决策过程中受到干扰，从而可能造成企业资源浪费在缺乏价值的项目上，导致企业的战略目标难以达成。其中，基于企业战略对应的项目选择是企业前期决策与后期管理的基础。因此，为考察企业战略与备择项目的一致性程度，本书提出项目战略对应度的概念，旨在以项目战略对应度的评估结果作为企业进行项目选择的前期依据，为企业在其组织战略下合理调配组织资源，实现其生产经营效益的最大化，最终实现其战略目标提供基础保障。

对于项目战略对应度的评估问题，针对诸如 IT 项目、R&D 项目与工程项目等不同的项目种类，很多学者提出了不同的战略对应度模型（Strategic Alignment

Model，SAM），对项目与战略对应度进行评估。1981 年，沃伦·麦克法兰（Warren Mcfarland）首次将现代投资组合理论运用到 IT 项目的选择与管理中，并提出了基于风险的多项目选择规则和组合标准。接下来很多学者针对项目选择与组合设计问题，提出了自己的思路和方法。有学者针对项目组合设计问题提出了包含开发价值、管理水平、重要程度、投资数量和技术水平五个性能指标的评价框架体系。也有学者提出利用平衡计分卡的各项指标构建指标体系作为数据包络分析方法的输入输出参数，进行项目组合的比较和优化。相关成果对于本书项目战略对应度模型的建立具有一定的借鉴意义。

（2）项目战略对应度评估目标

随着内外部环境的不断变化和市场竞争的加剧，企业要将制定的战略目标付诸实践，需要将有限的资源配置在重要的方向领域，因此通过项目战略对应度的评估目标有以下几点：

1）按照战略选择执行项目。通过战略对应度评估对待评项目进行筛选，摒弃严重不符合企业既定战略的项目，保障各项目的实施与企业战略相一致，从源头上保障企业"做正确的事"。

2）保障项目资源配置在企业战略下进行。进行战略对应度评估，进行项目分级分类与组合优选，确立资源配置方向。避免项目资源配置与企业战略不匹配，对与企业战略对应度高的项目或项目组合给予优先资源保障。

3）增加项目组织灵活性。项目组合管理是链接高层企业战略与基层项目执行的桥梁，而相对于单项目组织的一次性与临时性来说，项目组合管理的组织更具有稳定性与长期性。从组织层面来说，设立战略项目办公室，针对旧项目完成和新项目加入等动态情况，对战略对应度进行适时评估，能够及时调整资源配置方向，增强组织的灵活性。

4.2.2　项目战略对应度评估指标体系

（1）基于 BSC 的项目战略对应度评估指标体系

1）BSC 与战略分解

企业战略对企业的发展前景进行描述，为企业未来的持续发展指明方向。但是，精心设计制定一个有效的企业战略并不意味着企业战略的成功实施与最终实现，需要借助于一个行之有效的战略工具来指导具体战略目标的实施。平衡计分卡正是这样的一种战略管理工具。

平衡计分卡（Balanced Score Card，BSC）由罗伯特·卡普兰（Robert S. Kaplan）和戴维·诺顿（David P. Norton）共同开发并于 1992 年首次提出，作为一种战略绩效管理工具，是公认的最有力的战略管理工具之一。平衡计分卡的基本构架由财务、客户、内部业务流程、学习与成长四个方面共同构成，其核心思想是将传统的财务指标视作一类只能表现过去行动成果的滞后指标（lag indicators），在此基础上增加能够创造未来财务结果的关键性"绩效驱动因素"（performance drivers），创建出相对于财务成果而言的所谓"领先引导指标"（lead indicators），继而将战略分解为财务、客户、内部流程、学习与成长四个层面的衡量指标，最终形成一个涵盖财务与非财务指标的全面业绩衡量指标体系。

BSC 的核心部分是企业战略，因此其最大优势即为能够建立以企业战略为导向的项目战略对应度评估指标体系，如图 4.1 所示。其目标及评估指标都来源于企业战略，将企业的使命愿景和战略分解转化成为有形的目标与衡量指标。

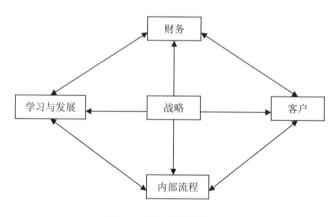

图 4.1　平衡计分卡框架图

2）基于 BSC 和 FBC 的评估指标选择

随着研究深入，学者尝试从不同的视角对战略进行分类与界定。其中，有学者将企业战略分为总体战略、经营单位战略和职能战略三个层次，认为项目战略对应度主要考察的是备选项目和企业职能战略间的对应度，并在职能战略的内容基础上构建评价指标体系，将项目战略对应度评价分为市场与产品战略、研发与技术战略和财务战略的三个层次与 13 项评价指标。也有学者以业务多元化企业为战略实施主体，在这一视角下将企业战略划分为企业总体战略、企业竞争战略、职能战略和经营运作战略四个方面，并基于企业总体战略与竞争战略从内外环境对应度、企业总体目标和项目产品竞争性三个维度选取 13 项指标建立项目战略对应度评价指标体系。还有学者认为企业战略分为财务目标与非财务目标两大类，其中财务目标又包括资金筹措方式、投资回收期、资金利润率等四类，非财务目标则涵盖客户满意度、战略目标优势等四类 13 个具体指标。可见，由于各自视角的不同，学者们对于企业战略对应度评估体系的界定划分以及评估指标选择的观点并不一致。本书运用平衡计分卡将企业战略分为财务、客户、内部流程、学习与成长四个维度，并在前人研究的基础上总结归纳相关研究文献中的评估指标，通过将指标因素进行梳理，按相互关联性整理成为层次分明、条理清晰的鱼骨图，分析研究对各维度影响最大的因素即四个维度的关键评估指标，继而建立项目与战略对应度评估指标体系，对备选项目进行企业战略对应评估，为使所建立的评价指标体系更加贴近实际，所选指标既包括定量指标，也包括一些较难量化处理的定性指标。

鱼骨图（Fish Bone Chart，FBC），又名特性因素图，由日本管理大师石川馨提出并发展而来。作为非定量工具，鱼骨图常被用于因果关系的分析以帮助我们找出引出问题潜在的根本原因并按照相互关联性整理标识出关键因素，因此也可以称之为"因果图"。从具体应用来看，鱼骨图可分为问题鱼骨图、对策鱼骨图和原因鱼骨图三类。其中，问题鱼骨图是把某问题细分为子问题进行探讨；对策鱼骨图则是将要改善某一现状或达成某一目标可能需要的若干层面的对策列举出来；而原因鱼骨图将某一问题或者现象分解，继而从若干方面或视角来寻找原因。鱼骨图中鱼头位置代表"战略目标重点"，大骨代表"主关键成功因素"，小骨代表"次关键成功因素"。其中，次关键成功因素是对主关键成功因素的进一步分解；关键成功因素则是对战略目标重点起关键作用的某个要素的定性描述，是制定关键绩效指标的依据。可通过对关键绩效指标的具体化、定量化使其可以衡量。因此，本文通过运用鱼骨图对待选指标进行因果分析，如图 4.2、4.3、4.4、4.5 所示。可以找出影响企业战略目标各个维度的重要因素，进而梳理得出衡量各维度的关键性指标并据此建立项目战略对应度评估指标体系，如表 4.1 所示。

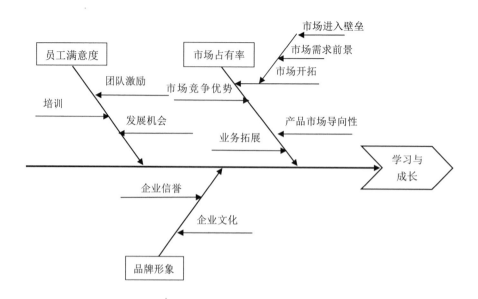

图 4.2 学习与成长维度的指标选择

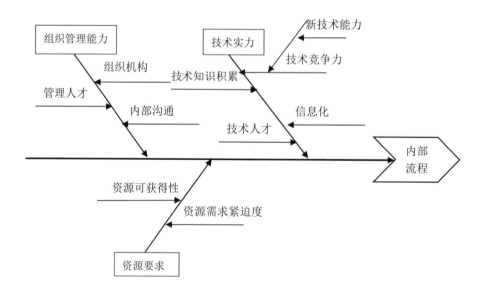

图 4.3 内部流程维度的指标选择

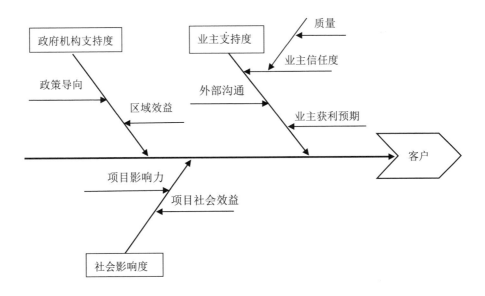

图 4.4　客户维度的指标选择

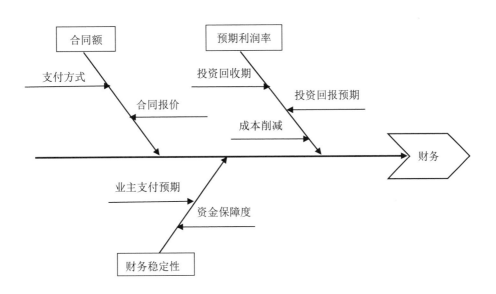

图 4.5　财务维度的指标选择

表 4.1　层次分析结构模型及评价指标体系

目标层	标准层	指标层	说明
项目战略对应度	财务	利润率	项目预期利润率
		合同额	项目合同额
		财务稳定性	项目财务稳定性
	客户	业主支持度	业主对项目的支持度
		政府机构支持度	政府或相关机构对项目支持度
		社会影响度	项目社会效益及影响程度
	内部流程	组织管理能力	项目组织管理能力
		技术实力	项目技术能力
		资源要求	项目的资源需求程度
	学习与成长	员工满意度	项目员工满意程度
		品牌形象	项目对企业品牌形象提升
		市场占有率	项目对企业市场占有率的提升

（2）改进物元多级可拓评价方法概述

从上文所建评估指标体系来看，所选取的评价指标中既包含定量指标，也涵盖了一部分难以量化的定性指标，这部分指标需要企业组织专家或管理人员进行判定，考虑到人为主观判断的模糊性，本书使用多层次可拓评价法对项目战略对应度进行评价。作为一种综合分析理论和方法，可拓学（原称物元分析）由我国著名学者蔡文教授首先提出，是引入物元理论，将定性与定量因素联系起来，通过关联度分析，将评价问题定量化以解决矛盾相容、定量与定性共存问题的方法。可拓评价方法是可拓学的重要应用之一，是在采用关联度函数对评价对象进行定量与定性相结合的分析的基础上对待评价目标所属的等级进行划分。与其他评估方法相比，多层次可拓评价法能够更全面地分析对象隶属于集合程度。传统可拓评价往往局限于单因素评价，当评价目标包含较多指标类别和数量时，就需要对单因素可拓评价理论进行拓展，多层次可拓评价法正是基于传统可拓评价的短板，在单因素可拓评价的基础上，引入指标权重并根据最大隶属度原则获得待评估目标的多层次可拓评价结果。

其中，由于所建指标体系中的不同指标对系统的影响程度各不相同，因此为了反映各项指标在所构建的指标体系中的作用大小，需要对各指标权重进行设定，而指标权重的确定方法恰当与否直接关系到综合评价结果的合理性与准确性。通常来看，指标权重设定方法主要有两类：一种为定性赋权，也可称为经验赋权，是一类由相关领域专家根据经验直接给出指标权重值，并采用算术平均值等方法代表多个专家的集体意见的赋权方法；另一种为定量赋权，或称数学赋权，是运用数学原理并结合实际数据采用一定的方法得到权重，具有较强的科学性但较依赖实际问题，通用性和决策者可参与性较差。

具体到物元多级可拓实际应用的相关研究文献来看，学者们对于指标权重确定所采用的分析方法各异，有学者提出运用极值统计迭代法、熵权法等对物元特征权重进行计算。更多学者则选择层次分析法作为指标赋权的主要方法，这种方法具有坚实的理论基础，对各指标间重要性程度的分析更加具有逻辑性，辅以数学处理，可信度更高，因此其适用性更强，应用范围也更广。但作为一种经典的主观赋权法，传统层次分析法通常需要多名专家参与，处理专家数据时偏好假定各专家权重相等，而实际上受限于知识经验水平、问题认知程度及评分态度差异，专家所给判断信息真实度与可信度不尽相同，专家判断信息应具有不同权重。因此本书尝试集结专家偏好信息获取综合判断矩阵以更好地反映专家群组偏好信息，基于专家判断偏好信息确定的评价指标权重无疑具有更大的说服力和可靠性。

综上所述，本书在现有物元多级可拓评价方法的基础上，改进指标的权重确定方法，形成完整的多级可拓评价方法体系。继而将获得多级权重与多级因素关联度进行复合计算，最后依据最大隶属度原则确定待评对象的多级可拓评价结果，方法逻辑思路如图 4.6 所示。

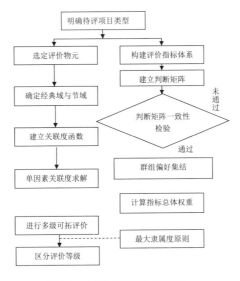

图 4.6　多级可拓评估逻辑图

（3）基于群组 FAHP 的指标权重确定

"层次分析法"（Analytic Hierarchy Process，AHP）作为一种定性分析和定量分析结合的系统分析方法，由匹兹堡大学教授萨蒂（T.L. Saaty）于 20 世纪 70 年代初提出。该方法通过各因素的重要性作两两比较，确定权重，具有客观性、准确性和有效性。但层次分析法本身并未考虑到人为判断的模糊性，且不满足一致性，检验时会使调整过程复杂化。基于以上缺陷，有专家于 1983 年首次提出了"模糊层次分析法"（Fuzzy Analytic Hierarchy Process，FAHP），方法中的专家意见标度用模糊数及隶属函数代替传统 AHP 方法中的定值，使权重评价标准更为合理。

FAHP 的主要步骤与 AHP 的步骤基本一致，包括明确问题、构建层次分析模型、构造判断矩阵、层次单排序与层次总排序。而构造判断矩阵是其中的关键环节，判断矩阵的科学、合理与否会对分析的结果产生直接影响。为此，本书引入模糊一致矩阵的概念，所需用到的几个关键定义及定理如下：

定义 1：若模糊矩阵 $A = (a_{ij})_{n \times n}$ 满足 $r_{ij} + r_{ji} = 1, (i = 1, 2, \cdots, n; j = 1, 2, \cdots, n)$ ，则称 A 为模糊互补矩阵。

定义 2：若模糊互补矩阵 $A = (a_{ij})_{n \times n}$ 满足 $r_{ij} = r_{ik} - r_{jk} + 0.5 \ \forall i, j, k \in I$ ，则称模糊矩阵 A 为模糊一致矩阵。

定义 3：设 m 位专家分别给出的互补判断矩阵为 $A^{(l)} = (a_{ij}^{l})_{n \times n} (l = 1, 2, \cdots, m)$ ，$w = (w_1, w_2, \cdots, w_m)^T$ 为赋予各专家判断矩阵的权值，令 $A^C = w_1 A_1 \oplus w_2 A_2 \oplus \cdots \oplus w_3 A_3$ ，则矩阵 A^C 称为 $\{A^{(1)}, A^{(2)}, \cdots, A^{(m)}\}$ 基于加权算术平均算子集结所得的综合判断矩阵。

定理 1：若 m 位专家给出的互补判断矩阵 $A^{(l)} = (a_{ij}^{l})_{n \times n} (l = 1, 2, \cdots, m)$ 均为加性一致可接受的，则 $\{A^{(1)}, A^{(2)}, \cdots, A^{(m)}\}$ 基于加权算术平均算子集结所得的群组综合判断矩阵也是加性一致可接受的。

现有研究通常在层次分析中处理专家数据时偏好假定各专家权重相等，而实际上限于知识经验水平、问题认知程度及评分态度差异，专家所给判断信息真实度与可信度不尽相同，专家判断信息应具有不同权重。

因此，由于决策问题需要多名专家参与，为反映群体共同偏好信息，需对专家偏好信息集结获得综合判断矩阵。为对模糊互补判断矩阵集结，主要方法有加权算数平均算子、有序加权算术平均算子、诱导有序加权算术平均算子等。不失一般性，本书在 FAHP 基础上使用加权算术平均算子构造群组综合判断矩阵并分别计算层次单排序与总排序，其中层次单排序即某一层次各指标相对于上一层次某指标的影响程度，总排序则为每层次中各指标相对总目标的综合权重。具体计算方法如下：

1）由 m 位专家分别给出模糊互补判断矩阵。根据前文所建项目战略对应度评价指标体系，设计关于各指标权重的调查表，采用专家问卷形式收集数据，问卷内容为评价指标体系中各指标的相对重要性。为避免信息量不足，使用更符合人思维习惯的 0.1～0.9 模糊互补比较标度，含义如表 4.2 所示。

表 4.2　0.1～0.9 模糊标度及其含义

标度	含义	说明
0.5	同等重要	表示两因素相比，同等重要
0.6	稍微重要	表示两因素相比，一因素比另一因素稍微重要
0.7	明显重要	表示两因素相比，一因素比另一因素明显重要
0.8	重要很多	表示两因素相比，一因素比另一因素重要很多
0.9	极端重要	表示两因素相比，一因素比另一因素极端重要
0.1、0.2、0.3、0.4	反比较	若因素 x_i 与 x_j 重要性比较标度为 r_{ij}，则 x_j 与 x_i 重要性比较标度为：$r_{ji} = 1 - r_{ij}$

按照该标度规则对各评价指标进行两两相对重要性比较，最终分别形成模糊互补判断矩阵：

$$
\begin{array}{c|cccc}
A & C_1 & C_2 & \cdots & C_p \\
\hline
C_1 & C_{11} & C_{12} & \cdots & C_{1p} \\
C_2 & C_{21} & C_{22} & \cdots & C_{2p} \\
\cdots & \cdots & \cdots & \cdots & \cdots \\
C_p & C_{p1} & C_{p2} & \cdots & C_{pp}
\end{array}
$$

其中，判断矩阵对角线上的元素均为 0.5，$C_{ij} = 0.5$，$i = j = 1,2,\cdots,p$，以对角线为对称轴的对称元素加和为 1，$C_{ij} + C_{ji} = 1$，$i = 1,2,\cdots,p$，$j = 1,2,\cdots,p$。

2）判断矩阵一致性检验。FAHP 对模糊互补判断矩阵的一致性有加性一致性和乘性一致性两种定义，由于乘性一致性对矩阵元素要求较高，故决策者构建加性一致性或具有满意加性一致性的模糊互补判断矩阵更为简便可行。有学者提出以加性一致性指标 ρ 反映决策者所给判断信息重要程度数量的合理性并在应用由决策者设定阈值 $\xi > 0$，若有 $\rho < \xi$，则认为该判断矩阵具有满意加性一致性。为尽可能多地保留专家原始信息的同时使判断矩阵具有满意一致性，由定义 2 按以下步骤对专家所给判断矩阵进行一致性检验与修正：

Step1：对 $A^{(l)} = (a_{ij}^{l})_{n \times n} (l = 1, 2, \cdots, m)$ 分别计算加性一致性指标 $\rho^{(l)}$，公式为：

$$\rho = \frac{2}{n(n-1)(n-2)} \sum_{i=1}^{n-1} \sum_{j=i+1}^{n} \sum_{\substack{k=1 \\ k \neq i, j}}^{n} \left| a_{ij} - (a_{ik} - a_{jk} + 0.5) \right| \qquad (4.1)$$

并根据设置的阈值 ξ（本书设定 $\xi = 0.2$），若 $\rho^{(l)} < \xi$ 则转 Step7，否则转下一步；

Step2：由不具满意一致性的专家判断矩阵 A false 的各行构造 n 个加性一致性矩阵 $A^{(k)} = (a_{ij}^{(k)})_{n \times n}$，$k = 1, 2, \cdots, n$，$a_{ij}^{(k)} = a_{kj} - a_{ki} + 0.5$，$i, j, k \in I$；

Step3：计算偏差矩阵 $C = A - A^{(k)}$，找出 $C = (c_{ij})_{n \times n}$ 中使 $|c_{ij}|$ 最大的，记为 s, t；

Step4：取适当调整量 λ，通常取 $\lambda = 0.05$，若 $c_{st} > 0$，$a_{st}' = a_{st} - \lambda$，$a_{ts}' = a_{ts} + \lambda$；若 $c_{st} < 0$，令 $a_{st}' = a_{st} + \lambda$，$a_{ts}' = a_{ts} - \lambda$；令 $a_{ij}' = a_{ij}, \forall i, j \in I$ 且 $i, j \neq s, t$，将矩阵 $A' = (a_{ij}')_{n \times n}$ 记为，转 step1；

Step5：结束。

3）考虑到群组决策中，专家限于经验与环境的不同往往对同一方案给出不同决策信息，本书将专家权重 ω 分为逻辑权重 ω_l 与信息权重 ω_c。

①逻辑权重基于决策一致性水平反映逻辑关系协调性，一致性指标 ρ 越小，判断矩阵质量越高；反之越低。依此思路综合文献给出计算公式：

$$w_l^{(k)} = \frac{1}{1 + a\rho^{(k)}}, a \geq 1, k = 1, 2, \cdots, m \qquad (4.2)$$

应用中一般取 $a = 10$ ，将 $w_l^{(k)}$ 归一化得出专家逻辑权重 $\omega_l^{(k)}$ 。

②信息权重以层次为基础从内容角度检测专家判断信息质量，思路为将各专家给出的判断信息进行聚类分析，本书采用夹角余弦定义向量间的相似性程度，并通过设置相似度阈值进行聚类。依据少数服从多数原则确定信息权重，对决策群体的个体偏好进行集结，计算公式如下：

$$w_c^{(k)} = \frac{h_p}{\sum\limits_{q=1}^{t} h_q^2}, k = 1, 2, \cdots, m \quad (4.3)$$

t 为聚类集结类别个数，h_p 为个体排序向量 U_k 所在类别 K_p 的类容量。

③由专家逻辑权重与信息权重计算综合专家权重，公式为：

$$w^{(k)} = \frac{w_l^{(k)} w_c^{(k)}}{\sum\limits_{i=1}^{m} w_l^{(i)} w_c^{(i)}}, k = 1, 2, \cdots, m \quad (4.4)$$

由定义 3 基于加权算数平均算子集结得出综合判断矩阵 A^C 。

4）计算单排序，当判断矩阵仅具有满意加性一致性时，建立最优化模型

$$\min z = \sum_{i=1}^{n} \sum_{j=1}^{n} \left[0.5 + a \left(w_i - w_j \right) - r_{ij} \right]^2 \quad (4.5)$$

$$s.t. \sum_{i=1}^{n} w_i = 1, w_i \geq 0, 1 \leq i \leq n$$

由拉格朗日乘子法得出排序权值：

$$w_i = \frac{1}{n} - \frac{1}{2a} + \frac{1}{na} \sum_{j=1}^{n} r_{ij}, i \in I \quad (4.6)$$

为使 $w_i \geq 0$ ，应有 $a \geq \frac{(n-1)}{2}$ ，实际应用中取 $a = \frac{(n-1)}{2}$ 表明决策者重视因素间重要性的差异。

5）综合权重计算

4.2.3 项目战略对应度评估模型

（1）多层次可拓评价模型

1）确定评价物元

物元，是描述事物的基本元，它通过有序的三元组 R=（N，c，v）进行表述。其中，N 表示事物，c 表示特征的名称，v 表示 N 关于 c 所取的量值，这三者称为物元的三要素。物元的概念中以 v= c（N）来反映事物的质和量的关系，c 和 v 构成特征，而一个事物通常具有多种特征。具体到本书研究对象，假设待评价目标包含 p 个指标，即 C_1，C_2，…，C_p，按照前文所述物元定义，待评价目标的物元模型如式（4.7）所示。

$$M = (U, C_k, V_k) = \begin{bmatrix} U & C_1 & V_1 \\ & C_2 & V_2 \\ & \vdots & \vdots \\ & C_p & V_p \end{bmatrix} \quad (4.7)$$

上式中，U 代表项目战略的评价等级；V_k 是项目战略的第 k 个指标的可能取值范围，也即 U 的节域。

2）确定经典域

将项目战略对应度分为 d（d=1，2，3，4）个级别，即评估结果对应度集合 D=（低，一般，较高，高）。继而，将其描述为如式（4.8）所示的定量与定性相结合的综合评价物元模型。

$$M_j = (U_j, C_k, V_{jk}) = \begin{bmatrix} U_j & C_1 & <\alpha_{j1}, \beta_{j1}> \\ & C_2 & <\alpha_{j2}, \beta_{j2}> \\ & \vdots & \vdots \\ & C_p & <\alpha_{jp}, \beta_{jp}> \end{bmatrix} \quad (4.8)$$

其中，M_j 代表第 j 个评价等级的物元模型；U_j 代表第 j 个评价等级下项目战略对应度评价结果等级；$V_{jk} = <\alpha_{jk}, \beta_{jk}>$，$(j=1,2,\cdots,n; k=1,2,\cdots,p)$ 代表 U_j 关于特征 C_k 规格化后的量值域，也即 U_j 表示对应第 j 个评价等级，第 k 个评价指标 C_K 的取值范围。

3）确定节域

按照节域的概念，定义各评价指标的可能取值范围作为项目战略综合评价物元模型的节域：

$$M_m = (U_m, C_k, V_{mk}) = \begin{bmatrix} U_m & C_1 & V_{m1} \\ & C_2 & V_{m2} \\ & \vdots & \vdots \\ & C_p & V_{mp} \end{bmatrix} \qquad (4.9)$$

式（4.9）中，M_m 代表项目战略对应度综合评价物元模型的节域；U_m 代表项目战略对应度的各级别；$V_{mk} = <\alpha_{mk}, \beta_{mk}>$ 代表 U_m 中指标 C_K 的许可取值范围，其中，$V_{jk} = <\alpha_{jk}, \beta_{jk}>, (j = 1, 2, \cdots, n; k = 1, 2, \cdots, p)$ 包含在 V_{mk} 范围之内。

4）建立关联度函数并计算

在处理实际问题过程中，问题的矛盾程度往往参照事物相关某量值符合要求的程度进行表述，这一量值又可分为数量值和非数量值两种，非数量值需要转化为数量值。两种事物间的关联性可用关联度函数进行表示，为了建立关联函数，还需要定义点与区间的距离，即"距"的概念。关联度函数用以刻画可拓集合，利用关联度函数，在进行项目战略对应度与物元模型经典域和节域的关联度计算时，可以一定程度上避免传统的主观判断或统计的方法，提高计算结果的精确性和科学性。

项目战略对应度物元模型与其经典域和节域关联度的计算方法如式（4.10）所示。

$$\begin{cases} \xi(V_k, V_{jk}) = \left| V_k - \dfrac{\alpha_{jk} + \beta_{jk}}{2} \right| - \dfrac{\beta_{jk} - \alpha_{jk}}{2} \\ \xi(V_k, V_{mk}) = \left| V_k - \dfrac{\alpha_{mk} + \beta_{mk}}{2} \right| - \dfrac{\beta_{mk} - \alpha_{mk}}{2} \end{cases} \qquad (4.10)$$

$$(k = 1, 2, \cdots, p; j = 1, 2, \cdots, n)$$

从上式中的关联度表达式不难发现，关联度不仅深入刻画了监测对象与标准区间的归属程度，且其函数表达与"准样条函数"相似度较高，应可有"准样条函数"的平滑功能属性。其中，关联度代表监测样本实际取值 V_k 到标准区间的"距"，即 V_k 与区间（V_{jk}，V_{mk}）的相似度。如果 $\xi(V_k,V_{mk}) \geqslant 0$，则说明 V_k 不包含在区间 V_{mk} 内；如果 $\xi(V_k,V_{mk}) \leqslant 0$，则说明 V_k 属于区间 V_{mk}，而且不同值代表了 V_k 属于区间 V_{mk} 的 V 不同位置。V_k 属于区间（V_{jk}，V_{mk}）的不同"位置"可表示为：

$$E(V_k,V_{mk},V_{jk}) = \xi(V_k,V_{mk}) - \xi(V_k,V_{jk}) \tag{4.11}$$

在式（4.11）的基础上就能够按照式（4.12）对待评物元的第 k 个指标 Ck 对应于第 j 个评价等级的关联度进行求解。

$$K_j(V_k) = \frac{\xi(V_k,V_{jk})}{\left[\xi(V_k,V_{mk}) - \xi(V_k,V_{jk})\right]}, (k=1,2,\cdots,p; j=1,2,\cdots,n) \tag{4.12}$$

如果用 $K_j(V_k)$ 表示样本数据与评价指标的第 j 个评价等级对应的标准区间之间的关联度，则样本与评价指标之间的关联度集合表达为：

$$\mathop{Y}\limits_{1 \leqslant k \leqslant p} K_j(V_k) = \{K_j(V_1), K_j(V_2), \cdots K_j(V_p)\} \tag{4.13}$$

（2）多级可拓评价

1）三级模糊综合评价

通过前文分别介绍的求解指标权重和关联度的方法，首先按照式（4.14）对标准层评价指标和项目战略与第 j 个评价等级的关联度进行计算。

$$K_l(U) = \sum_{i=1}^{p} W_{li} K_j(V_{li}), (j=1,2,\cdots,n; l=1,2,\cdots,p) \tag{4.14}$$

其中，$K_l(U)$ 表示评价指标体系标准层中第 l 个指标；W_{li} 表示指标层评价指标 C_i 的权重分配系数，且满足 $\sum_{i=1}^{n} W_{li} = 1$。

2）二级模糊综合评价

$$J = \sum W_l \cdot K_l(U), \sum_{l=1}^{4} W_l = 1 \tag{4.15}$$

3）项目战略对应度级别判定

根据上述步骤计算，可以得到由样本数据的综合关联度所组成的关联度集合。其中，按照最大隶属度原则，综合关联度值越大，则相应的样本隶属于该评价等级的可能性越大。因此，若 $K_{j0}(U)$ 为最大综合关联度，即 $K_{j0}(U) = \max K_j(U),(j = 1,2,...,n)$，则各二级评价指标和总目标的综合评价等级可以确定为 $j0$ 级。利用式（4.16）（4.17）可计算等级变量的特征值来定义项目战略对应度更为准确的所属等级。

$$\overline{K_j}(U) = \frac{K_j(U) - \min K_j(U)}{\max K_j(U) - \min K_j(U)} \qquad （4.16）$$

$$\tilde{j} = \frac{\sum_{j=1}^{p} j \times \overline{K_j}(U)}{\sum_{j=1}^{p} \overline{K_j}(U)} \qquad （4.17）$$

则称 $\tilde{j}$ 为项目战略对应度（待评价对象）的等级变量特征值，可表明评价结果偏向某一级别的程度。

4.3　基于战略对应的项目组合设计及其资源配置

建筑施工企业中项目众多，各个项目的战略对应度、规模、类型以及复杂程度并不相同，正确对待不同的项目，对多项目进行区域性划分，可以使企业正确区分关键项目和一般项目，还可以通过分类避免项目列表或项目组合中的项目数量过多问题。因此，有学者使用项目分级实施的思想，提出可以根据项目自身规模、复杂程度以及对项目管理人员的知识技能要求等要素界定项目管理难度，确定各项目执行级别，明确组织参与级别、资源配置方向和项目控制方式。也有学者提出企业应根据自身环境与状况确定项目组合管理中的项目执行级别，并对不同级别的项目采取不同的管理与控制方式。

通过前文对企业战略管理理论的叙述与分析，可以看到企业战略在企业生产经营活动中往往发挥着重要的导向性作用，它指出了企业活动所应重视的重点领域，强调资源配置须与战略相关联，企业战略只有在企业资源分配到具体的项目乃至具体的项目任务活动中才能真正得以贯彻执行。启动无助于企业战略目标实现的项目就是在浪费企业有限的资源，特别是对于建筑施工企业来说，项目规模往往较大，开发周期也相对较长，一旦项目偏离了企业整体战略，造成的后果也会更为严重。因此，从建筑施工企业长远利益视角出发，在多项目并存环境下，有必要按照项目的战略对应度对所有项目进行初筛选择以剔除那些对企业战略目标起不到应有作用的项目或项目集，继而基于战略全局视角确定项目组合资源配置方向，以达到企业效益最大化目标。

欧立雄就提出基于企业总体战略选择项目构建项目组合继而划分战略领域的思路。本书借鉴这一思路，参考现有分级管理思想，提出将企业战略作为组合设计的关键要素，将战略领域划分作为一种自下而上的划分方法，旨在通过分解企业战略目标构建项目战略对应度评价指标体系，继而根据综合评价结果对多项目进行分级，每一个级别对应不同的项目组合。由此形成的项目组合各自属于不同的级别，对于项目战略符合度较差级别的项目予以摒弃，对能够符合企业战略的项目所形成的项目组合则根据其战略符合程度级别的不同给予不同的关注度，以此作为企业整体资源分配比例的依据，对企业资源进行划分，使企业的战略映射到项目组合资源分配过程中，提高资源管理效率，推动项目组合的实施和目标达成，最终反馈到企业制定战略的实现中，如图 4.7 所示。

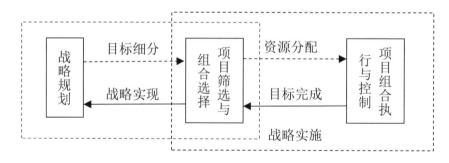

图 4.7　基于项目组合的战略目标实施过程

4.4　案例分析

4.4.1　案例背景与模型应用

某建筑施工企业是集设计、咨询、采购、施工、设备租赁于一体的国有独资大型建筑施工企业，是拥有机电安装工程总承包、房屋建筑工程施工总承包、市政公用工程总承包等建筑业企业资质以及房地产开发、装饰装修、路桥施工等多项专业资质的综合性建筑集团公司。近年来开发建设了包括大型住宅小区、写字楼、别墅、公寓等在内的众多建设工程项目，创造了良好的社会效益和经济效益。

由于企业总体资源有限，其需要在项目的选择与资源配置过程中考虑各项目对企业整体发展的作用实行差异化管理，选择对企业更为重要的项目重点关注，实现有限资源的合理配置，进而更好推动企业既定战略的实现。因此，企业需要在项目实施之前对其项目进行筛选与分类定级，以对不同级别的项目或项目组合提供不同的人、财、物等资源。具体到本章案例来看，该企业目前有 10 个新项目，按照前文提出的基于项目战略对应度的多项目分级与战略领域划分思路，本节尝试在前文构建的模型框架下，具体分析案例各项目情况，根据数据计算得出相应结果，为企业管理者决策提供依据和参考。

从现有文献来看，经典域的确定有多种方式，既可通过已有的标准体系进行确定，也可综合考虑待评目标特征及其模型的操作便利性进行确定。因此本书根据专家意见，结合案例企业实际情况与模型操作的便利性，将基于项目战略对应度的多项目分级管理等级划分为差、一般、较好和好四个等级，分别对应于 $U = (U_1, U_2, U_3, U_4)$，各等级的分值区间如下：

1）当 $0 < U_1 = U \leqslant 65$ 时，对应的项目战略对应度评价结果为"差"。

2）当 $65 < U_1 = U \leqslant 80$ 时，对应的项目战略对应度评价结果为"一般"。

3）当 $80 < U_1 = U \leqslant 90$ 时，对应的项目战略对应度评价结果为"较好"。

4）当 $90 < U_1 = U \leqslant 100$ 时，对应的项目战略对应度评价结果为"好"。

根据上述等级分值区间划分可得到经典域和节域，如表 4.3 所示。其中，j=1，2，3，4 即表示以上四个评价级数。

表 4.3　项目战略对应度评估经典域与节域

指标		经典域				节域
		j=1	j=2	j=3	j=4	
C_1	C11	<0, 65>	<65, 80>	<80, 90>	<90, 100>	<0, 100>
	C12	<0, 65>	<65, 80>	<80, 90>	<90, 100>	<0, 100>
	C13	<0, 65>	<65, 80>	<80, 90>	<90, 100>	<0, 100>
C_2	C21	<0, 65>	<65, 80>	<80, 90>	<90, 100>	<0, 100>
	C22	<0, 65>	<65, 80>	<80, 90>	<90, 100>	<0, 100>
	C23	<0, 65>	<65, 80>	<80, 90>	<90, 100>	<0, 100>
C_3	C31	<0, 65>	<65, 80>	<80, 90>	<90, 100>	<0, 100>
	C32	<0, 65>	<65, 80>	<80, 90>	<90, 100>	<0, 100>
	C33	<0, 65>	<65, 80>	<80, 90>	<90, 100>	<0, 100>
C_4	C41	<0, 65>	<65, 80>	<80, 90>	<90, 100>	<0, 100>
	C42	<0, 65>	<65, 80>	<80, 90>	<90, 100>	<0, 100>
	C43	<0, 65>	<65, 80>	<80, 90>	<90, 100>	<0, 100>

4.4.2　数据计算与结果分析

由于评价体系各指标重要性程度不同，因此需要首先对各指标权重进行确定。采用专家问卷形式收集数据，共收集不同专家给出的问卷 6 份。根据式（4.1）计算专家给出的互补判断矩阵的一致性指标，并用 SPSS18.0 软件对判断矩阵信息进行聚类，如图 4.8 所示（以 C_1 层为例）。

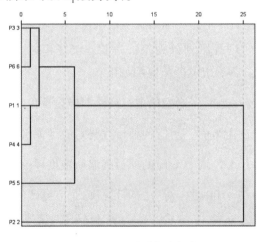

图 4.8　C_1 层 6 位专家聚类树状图

综合聚类结果及一致性指标，分别由式（4.2）（4.3）（4.4）计算逻辑权重、信息权重及综合专家权重，结果如表 4.4 所示。

表 4.4　判断信息权重综合表

指标		P1	P2	P3	P4	P5	P6
C	ω_c	0.143	0.143	0.071	0.214	0.214	0.214
	ω_l f	0.182	0.136	0.182	0.136	0.182	0.182
	ω	0.157	0.115	0.079	0.175	0.236	0.236
C_1	ω_c	0.222	0.056	0.222	0.222	0.056	0.222
	ω_l	0.091	0.136	0.273	0.091	0.136	0.273
	ω	0.114	0.045	0.341	0.114	0.045	0.341
C_2	ω_c	0.071	0.143	0.143	0.071	0.214	0.214
	ω_l	0.191	0.157	0.154	0.116	0.127	0.134
	ω	0.092	0.150	0.149	0.054	0.184	0.194
C_3	ω_c	0.214	0.214	0.214	0.071	0.143	0.143
	ω_l	0.167	0.167	0.333	0.167	0.167	0.167
	ω	0.177	0.177	0.350	0.059	0.118	0.118
C_4	ω_c	0.222	0.222	0.056	0.056	0.222	0.222
	ω_l	0.143	0.143	0.143	0.286	0.143	0.143
	ω	0.211	0.211	0.053	0.105	0.211	0.211

加权集结得出各分组综合判断矩阵，由定理 1，按照公式（4.5）计算单排序结果如下：

w_1 =（0.5212，0.2363，0.2424）；

w_2 =（0.4759，0.2330，0.2896）；

w_3 =（0.2409，0.4230，0.3345）；

w_4 =（0.3186，0.4345，0.2499）；

准则层权重 w' =（0.3576，0.2354，0.1516，0.2527）。

综合得出指标层对目标层总排序权重值，如表 4.5 所示。

表 4.5   指标层各指标对目标层总排序

指标	C_1 0.3576	C_2 0.2354	C_3 0.1516	C_4 0.2527	指标层总权值
c_{11}	0.5212				0.1864
c_{12}	0.2363				0.0845
c_{13}	0.2424				0.0867
c_{21}		0.4759			0.1120
c_{22}		0.2330			0.0548
c_{23}		0.2896			0.0682
c_{31}			0.2409		0.0365
c_{32}			0.4230		0.0641
c_{33}			0.3345		0.0507
c_{41}				0.3186	0.0805
c_{42}				0.4345	0.1098
c_{43}				0.2499	0.0631

由各项目的实际基础数据可得出各评价指标的具体得分如表 4.6 所示。其中，由于本书所建立的项目战略对应度评价指标体系中既有定性指标又有定量指标，因此在这些项目对企业战略相关指标的评估数据中，定性部分的指标采用专家打分法确定具体得分数值，定量部分的指标的分数赋值则根据案例企业制定的评价指标等级区间划分标准结合实际取值进行无量纲化处理后设定。

表 4.6   项目战略对应度评价数据

指标	项目									
	I	II	III	IV	V	VI	VII	VIII	IX	X
c_{11}	86	79	88	73	68	87	90	82	76	91
c_{12}	82	77	89	68	71	93	88	93	78	83
c_{13}	76	86	92	70	78	87	79	87	83	78
c_{21}	83	73	90	76	59	86	87	76	80	81
c_{22}	78	83	86	62	70	95	92	73	91	77

指标	项目									
	I	II	III	IV	V	VI	VII	VIII	IX	X
c_{23}	86	67	93	66	87	89	83	80	73	88
c_{31}	89	75	94	71	68	85	86	72	66	83
c_{32}	72	80	87	81	76	96	91	67	81	82
c_{33}	93	75	89	56	79	87	80	76	75	75
c_{41}	77	76	93	69	83	98	86	70	81	86
c_{42}	82	80	97	77	72	91	85	68	77	80
c_{43}	85	73	89	72	80	92	82	81	69	77

利用群组 FAHP 计算的指标权重及根据评价指标经典域和节域得到的三级指标关联度，如表 4.7 所示。根据表 4.7 中三级评价指标的权重和关联度，利用式（4.14）可以计算出二级指标和总目标与各评价等级的关联度及所属评价等级，以项目 I 为例，如表 4.8 所示。

表 4.7　项目战略对应度评价单因素可拓评价结果及相关基础数据（以项目 I 为例）

二级指标	权重	三级指标	得分	指标权重	关联度			
					j=1	j=2	j=3	j=4
C1	0.3576	c11	86	0.1864	-0.6000	-0.3000	0.4000	-0.2222
		c12	82	0.0845	-0.4857	-0.1000	0.2500	-0.3077
		c13	76	0.0867	-0.3143	-0.2000	-0.1429	-0.3684
C2	0.2354	c21	83	0.1120	-0.5143	-0.1500	0.2143	-0.2917
		c22	78	0.0548	-0.3714	0.1000	0.0833	-0.3529
		c23	86	0.0682	-0.6000	-0.3000	0.4000	-0.2222
C3	0.1516	c31	89	0.0365	-0.6857	-0.4500	0.1000	-0.0833
		c32	72	0.0641	-0.2000	0.3333	-0.2222	-0.3913
		c33	93	0.0507	-0.8000	-0.6500	-0.3000	0.7500
C4	0.2527	c41	77	0.0805	-0.3429	0.1500	-0.1154	-0.3611
		c42	82	0.1098	-0.4857	-0.1000	0.1250	-0.3077
		c43	85	0.0631	-0.5714	-0.2500	0.500	-0.2500

表 4.8　项目战略对应度多级可拓评价结果（以项目 I 为例）

指标	关联度				权重	评价等级
	j=1	j=2	j=3	j=4		
总目标 C	-0.1338	-0.0447	0.0481	-0.0697		3
学习与成长 C_1	-0.1801	-0.0817	0.0833	-0.0994	0.3576	3
内部运营 C_2	-0.1189	-0.0318	0.0558	-0.0672	0.2354	3
客户 C_3	-0.0784	-0.0280	-0.0258	0.0099	0.1516	4
财务 C_4	-0.1170	-0.0147	0.0360	-0.0786	0.2527	3

根据上述计算，可以看到项目 I 属于等级 3。同理，分别对其余项目进行计算，最终根据项目战略对应度评价确定 10 个项目的隶属等级如表 4.9 所示。

表 4.9　各项目隶属等级

项目	I	II	III	IV	V	VI	VII	VIII	IX	X
等级	3	2	4	2	2	4	3	2	2	3

4.4.3　基于多项目分级的组合资源配置

在多个项目并存环境下，只有在组织层级以企业既定战略为依据进行基础资源分配，才能保证具有不同项目战略对应度的项目之间实现资源的有效配置，达成企业利益最大化。

根据前文对案例企业各项目的项目战略对应度评价结果，可以看到，没有项目属于等级 1，说明 10 个项目均较为符合既定战略要求。根据战略对应程度的不同，有 5 个项目的项目战略对应程度一般，3 个项目与战略对应度较高，而项目 IV 和 VI 则与企业既定战略最为契合。由这一分级结果对各项目所属战略领域进行划分，并基于战略领域的划分对项目进行分类，每一个类别对应一个战略领域，由此每个战略领域成为一个项目组合。继而由建筑施工企业决策管理者制定标准确定各项目组合的资源分配比例，在企业整体资源配置上对相对符合企业发展战略的项目组合优先考虑，最终形成各项目组合的共享资源池，实现引导企业整体资源配置方向的目标。

4.5　本章小结

本章通过分析企业战略与多项目管理的关系，提出企业战略是更高层级的指标，而项目战略对应度的评估结果则应作为项目进入多项目系统及项目组合设计的主要依据。通过使用 BSC 对战略进行分解，建立评价指标库，并利用 FBC 对指标进行进一步的选择，找出其中较为关键的影响平衡计分卡中的四个维度的指标，即对组织战略成功来说比较关键的指标，将这些指标集合作为最终的项目战略对应度评价指标体系。

基于所构建的评价指标体系，提出将群体共同偏好信息代入指标权重计算过程，结合物元多级可拓对项目战略对应度进行综合评价。并按照评价结果对多项目分级，从企业战略目标出发，参照分级统筹甄选项目，设计项目组合。在企业整体资源分配上对相对符合企业发展战略的项目组合优先考虑，由建筑施工企业决策管理者按照一定的标准确定各项目组合的资源分配比例，形成共享资源池。这一针对企业整体层面的资源优化配置方法为下一步对项目组合内各项目资源的优化配置打下基础。

第5章　多项目优先级评价

从建筑施工企业实际生产情况来看，或多或少地存在着超负荷承担项目任务的情况，此时往往会出现企业发生无法按时完成项目的风险，继而给企业带来损失。在这种情况下，如何在项目之间进行资源分配就成了必须解决的问题。

通过综合评比多个项目的重要性权重形成有效的项目优先级排序，将资源优先提供给优先级高的项目，这样就能有效降低由于无法按时完成项目引起的损失。所以，能否准确地对项目进行优先级评价，关系到关键项目能否顺利推进，更关系到企业能否实现整体的战略目标。多项目优先级评价的结果，也为接下来实现资源在项目实施过程中的优化配置提供数据支撑。

5.1　多项目优先级指标体系建立

（1）指标体系建立原则

建筑施工企业需要结合企业内外部环境分析，充分考虑项目风险、紧迫程度等因素，选择合适的评价方法客观合理地对多项目进行排序，为企业管理者决策提供必要依据。综合评价问题由评价指标体系和评价方法两个关键要素组成。其中，评价指标体系的构建是进行综合评价的基础，是对指标层中各具体指标定义的界定，指标选择的科学性与客观性与否，直接决定了评价结果能否客观准确。因此，本书针对建筑施工企业，从工程项目特点和多项目管理的角度出发，构建多项目优先级评价指标体系，构建过程应遵循以下原则：

1）科学性原则

科学性原则主要指理论与实际相结合，指标内涵应具有理论上的完善性和科学性，同时又能反映工程项目的实际情况，在基本概念和逻辑上尽量保证严谨性和合理性，抓住工程项目的实质。通常情况下还要对能够量化的指标进行量化以消除人为主观因素的影响。

2）代表性原则

建立指标系统时，为确切地反映指标系统的本质，对所研究问题进行全面预测和评估，不能遗漏关键指标，但所进行的全面预测和评估动作不排除为了防止指标系统过于庞杂而舍弃一些次要的指标，也不排除舍去一些虽属重要但是难以量化或获取困难的指标。

由于影响工程项目优先级的因素众多，指标的选取并不是以多取胜，要简洁精练指标，以减少评价的时间和成本，使评价工作易于开展，因此在选择时应注重选取具有代表性的指标。所选指标应以系统最优化为原则，从不同角度和不同层次代表评价对象的主要特征或者决策者所关注的主要因素，指标的选择不宜太过庞杂，力求以较少的指标全面反映项目内容和本质，全面客观地对项目做出评价。

3）灵活性原则

评价指标的体系结构应具有可变更性和可扩展性，根据项目组合类型的不同，早期设立的评价指标应能够随之进行相应的修改、添加等操作，根据项目评价的要求灵活地对指标具体化。

4）适用性原则

指标的选取要结合工程项目的实际情况，具备实用性、可操作性与可行性。首先，评价指标所需的数据应易于获取；其次，评价指标要贴近评价对象的实际情况；最后，确保评价所需指标数据的标准化与规范化，以适应评价需求。

5）独立性原则

评价指标体系中各个指标的选择应相对独立，即各指标定义内涵间应尽量避免相互重叠，不存在相关关系，以避免决策结果因为指标间具有相似属性产生倾向性，或是对部分指标内容重复评价。

6）可行性原则

选取的预测指标要实用且具有可操作性。首先，在尽量保证指标体系能全面、客观、公正反映问题的基础上，研究指标要力求简要易行、去繁求简，即去掉对结果影响较小的指标。其次，数据容易获得。即便是一条指标有一定的意义，但是必须投入大量的人财物力才能获得，甚至影响正常工作的开展，则这条指标就失去了研究的价值。由于时间及研究水平所限，要避免研究工作过大，且保证研究工作顺利进行的前提下，尽量使用可量化的指标，数据易得且来源可靠。最后，计算方法要尽量简单可行，既要保障预测过程顺利进行，又要保证预测模型的可操作性。

（2）建筑施工企业多项目优先级评价指标体系构建

从现有文献来看，对于项目优先级评价的研究大都在指标体系中考虑企业战略因素，本书在前文中将企业战略对应度作为项目筛选和组合选择的依据，即各战略领域中的项目在战略对应度上具有相似的一致性，因此在对战略领域中各项目进行优先级评价时不再将战略因素列入指标体系。通过参考工程项目特点和相关文献研究，根据评价指标体系的构建原则，采用 Delphi 法收集专家意见并汇总梳理具体的评价指标，并对有合作关系的建筑施工企业管理人员、项目经理及相关专业技术人员进行调查走访，最终本书构建出适用于建筑施工企业的多项目优先级评价指标体系，如图 5.1 所示。

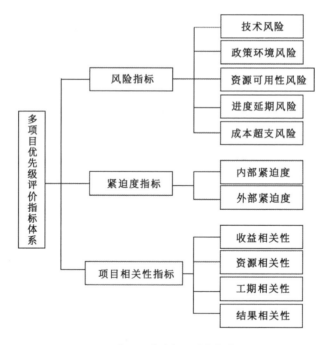

图 5.1　多项目优先级评价指标体系

1）风险指标

工程建设项目在实施过程中往往具有复杂性、一次性和独特性等不确定性特征，这类特征造成了工程建设项目的高风险性。因此，在进行项目选择时应防范项目实施中潜在的风险，在工程项目管理实施过程中整合人、财、物等资源，对影响项目实施的多种风险因素进行综合考虑，使得风险因素对项目或项目组合的影响最小化，为项目决策提供充分合理的依据。这里将风险指标分解为五个子指标，即技术风险、政策环境风险、资源可用性风险、进度延期风险、成本超支风险。

2）项目紧迫度指标

建设工程项目通常投资额度较大，业主方对于投资回报的看重使得项目的目标实现越来越具有时效性，同一项目提前完工、按期完工或延期完工对业主投资回报效益、项目社会效益以及对企业自身发展的作用效果会有很大的不同，项目紧迫度指标同样应作为评价指标的一部分。因此，本书根据企业外部客观要求与企业内部发展需要，将项目紧迫度指标分为外部紧迫度和内部紧迫度两个指标。

3）项目相关性指标

项目组合由许多相对独立的单个项目构成，单个项目之间存在着成本、收益等方面的关联，这种联系直接或间接地影响到项目组合的整体收益。因此，项目间相关性指标是工程项目评价指标体系的重要组成部分。许多学者对这一类指标进行了深入的研究，有学者基于对项目的影响因素分析，论述了包括资源相关、技术相关、成果相关、收益相关以及其他相关在内的五种类型的相关关系。有学者则是根据工程项目的特点，将项目组合相关性影响指标分为四个子指标。

本书将项目相关性指标分解为四个子指标，即资源相关性、工期相关性、收益相关性和结果相关性。

（3）指标权重确定

根据 4.2.2 部分所述群组 FAHP 法计算各评价指标的权重。

5.2　多项目优先级评价方法

要实现多项目优先级评价，需建立评价问题的数学模型。在客观世界中有大量元素之间存在灰色关系，含义是难以区分哪些因素之间存在密切或者不密切的关系的，也就很难发现关系之间的主要矛盾及主要特征。对此，邓聚龙于 1982

年建立了灰色关联理论系统，而灰色关联分析（Grey Relational Analysis，GRA）是灰色关联系统理论研究的主要内容。

GRA 法按照因素之间发展趋势的近似或差别程度来区分元素间的关联度，其基本原理是首先求解不同评价方案与理想方案的关联系数矩阵，其中理想方案由最佳指标构成。由求得的关联系数矩阵确定关联度，通过不同方案与理想方案之间关联度的大小对比来进行评价方案的排序，由此确定评价方案的优先级顺序。

5.2.1　灰色系统理论概论

"灰色系统理论"首次提出是在邓聚龙教授 1982 年发表的《灰色控制系统》及《灰色系统的控制问题》中。该理论诞生不久受到了国内外学者的追捧，随着研究的深入，众多领域的研究者也都纷纷加入这个灰色系统理论的研究队伍。灰色系统理论是一种研究少数据、贫信息不确定性问题的新方法。灰色系统理论以"部分信息已知，部分信息未知"的"小样本""贫信息"不确定性系统为研究对象，主要通过对"部分"已知信息的生成、开发，提取有价值的信息，实现对系统运行行为、演化规律的正确描述和有效监控。控制论里通常用"白"代表完全明确的信息，就是所说的白色系统，"黑"代表未知的信息，就是所说的黑色系统，"灰"代表部分信息已知、部分信息未知，就是所说的灰色系统。

通常用来研究不确定性问题的定量研究方法有三种，分别是模糊数学、概率统计和灰色系统理论。模糊数学主要研究界限不分明或者很模糊的问题，它的研究对象特点是"内涵明确，外延不明确"。概率统计主要研究随机现象的统计规律，研究对象主要是随机事件、随机变量和随机过程，其特点是对随机不确定事件的可能性大小做出分析。灰色系统理论着重研究概率统计和模糊数学难以解决的"小样本、贫信息"的不确定性问题，其研究对象具有"外延明确，内涵不明确"的特点。由此可见，灰色概念与模糊概念的最主要区别在于研究对象的内涵以及外延上。

5.2.2　灰色关联分析法概述

灰色关联分析能判断各种因素之间的关联程度，关联程度是根据分析各种因素变化曲线的相似程度所获得。灰色关联分析中的灰色就是系统或对象的信息不完全明确或者不完全可用，关联则是指系统或者对象之间有联系。

该方法首先把需要确定目标主体指标和参照主体指标，再对需要评价的目标主体指标的原始数据进行处理，用处理好的数据来确定指标，然后进行无量化处理，计算关联系数和关联度，最终按照关联度的大小对目标主体指标排序。灰色关联分析法使用前需要建立评价参照主体与目标主体之间发展趋势相似或相近的指标体系，比较数列能够显示出参照主体特征，参考数列能够显示出目标主体特征。指标体系的各项单位的计量属性有很大不同，无量化处理对参考数列和比较数列都很重要，以此来保证一致性。然后运用灰色关联分析法的公式进行计算，计算出灰色关联度，比较数列通过关联度的大小来确定排序。关联度排序的几何意义是比较数列的关联度越高，表明其与参考数列的发展趋势、相似程度越高。灰色关联分析法可以将目标主体和参照主体之间的可比因素量化出来，通过量化能够判断之间的相关程度。

灰色关联理论从第一次提出开始，学术界就对该理论相应的理论模型展开研究，并将模型应用在实际方面。灰色关联分析应用的前提是，这个系统是灰色系统。灰色系统中的灰的含义为信息的不完全性与非唯一性，其中非唯一性原理在决策中对应的是灰靶思想，体现的是决策多目标、多方法。

灰色关联分析方法与其他方法相比，其特点主要包括：

第一，对样本量的多少都适用于该方法；

第二，对所选取的样本不要求是否符合典型分布，并且本书对高管特征与履行企业社会责任关系的研究，其数据的特殊性不符合典型分布要求；

第三，灰色关联分析计算量小，可以不用借助计算机软件进行计算，避免了软件得出结论不能很好地反应实际情况。

5.3　基于 GRA 的多项目优先级评价方法

基于 GRA 法建立多项目优先级评价方法的过程如下。

（1）构造决策矩阵

假设现需对某项目组合中 m 个项目进行评价，记为 $A = [A_1, A_2, \cdots, A_m]^T$，每个方案都有评判方案优劣的指标集，这些指标集均由 n 个指标组成，其中

$A_{ik} = [A_{i1}, A_{i2}, \cdots, A_{in}]^T, (i = 1, 2, \cdots, m; k = 1, 2, \cdots, n)$。对于定量指标而言，$A_{ik}$ 是项目 i 的指标原始数据；对于定性指标而言，A_{ik} 是项目 i 的指标量化评分；即 a_{ij} 代表项目 i 第 j 个指标值，由此可以构造 m 个项目的全数值形式的决策矩阵：

$$A = (a_{ij}) = \begin{bmatrix} A_1 \\ A_2 \\ \vdots \\ A_m \end{bmatrix} = \begin{bmatrix} a_{11} & a_{12} & \cdots & a_{1n} \\ a_{21} & a_{22} & \cdots & a_{2n} \\ \vdots & \vdots & \ddots & \vdots \\ a_{m1} & a_{m2} & \cdots & a_{mn} \end{bmatrix} \qquad (5.1)$$

（2）确定最优指标集 A^*

$A^* = [A_1^*, A_2^*, \cdots, A_n^*]^T$ 中 $A_k^* (k = 1, 2, \cdots, n)$ 为第 k 个指标的最优值，其选择方式有两种，一种是对于越大越好的指标，则取最大值为最优值，反之对于越小越好的指标，则选择最小值为最优值；另一种是由专家或决策者根据实际情况确定，在确定过程中，既要考虑该最优值所代表的先进性，也要考虑其可行性。

建立最优指标集 A^* 的意义在于，通过在不同方案中确定最优值指标，找到一个最优的理想方案，从而对各项目的优先级进行排序。确定的最优指标集向量 A^* 与矩阵 A 可以构成一个 $(m + 1) \times n$ 阶矩阵 $\overline{A}$，

$$\overline{A} = \begin{bmatrix} A^* \\ A \end{bmatrix} = \begin{bmatrix} a_1^* & a_2^* & \cdots & a_m^* \\ a_{11} & a_{12} & \cdots & a_{1n} \\ a_{21} & a_{22} & \cdots & a_{2n} \\ \vdots & \vdots & \ddots & \vdots \\ a_{m1} & a_{m2} & \cdots & a_{mn} \end{bmatrix} \qquad (5.2)$$

（3）指标值的无量纲化处理

为消除各评价指标量纲不同对决策结果的影响，需将不同量纲、不同单位的数据进行规范化处理。设项目组合中各项目第 j 个指标的评价数值均在 $[a_{j1}, a_{j2}]$ 之间，a_{j1} 与 a_{j2} 分别为备选项目第 j 个指标的评价数值的最小值与最大值，则可通过下式将原始评价值 a_{ij} 变为无量纲值 $b_{ij} \in (0, 1)$。

$$b_{ij} = \frac{a_{ij} - a_{j1}}{a_{j2} - a_{j1}}, \ i = 1, 2, \cdots, m; \ j = 1, 2, \cdots, n \qquad (5.3)$$

式中 a_{ij} 为第 i 个项目的第 j 个指标的实际评价值，$\overline{A}$ 规范化以后的规范化矩阵为 $\overline{B}$。

$$\overline{B} = \begin{bmatrix} 1 & 1 & \cdots & 1 \\ b_{11} & b_{12} & \cdots & b_{1n} \\ b_{21} & b_{22} & \cdots & b_{2n} \\ \vdots & \vdots & \ddots & \vdots \\ b_{m1} & b_{m2} & \cdots & b_{mn} \end{bmatrix} \tag{5.4}$$

在矩阵 $\overline{B}$ 中 b_{ij} 越大代表该项指标与该项指标的最优值越为接近。

（4）关联系数的计算

根据灰色关联分析法，将无量纲化后的 $\{B^*\} = \{b_1^*, b_2^*, \cdots, b_n^*\}$ 作为最优参考数列，待评价项目中的所有元素关联系数的确定方法如下：

$$\eta_{ij} = \frac{\min\limits_{i}\min\limits_{j}\left|b_j^* - b_{ij}\right| + \rho\max\limits_{i}\max\limits_{j}\left|b_j^* - b_{ij}\right|}{\left|b_j^* - b_{ij}\right| + \rho\max\limits_{i}\max\limits_{j}\left|b_j^* - b_{ij}\right|} \tag{5.5}$$

上式中，η_{ij} 是第 i 个项目的第 j 个指标与该指标最优值的相关系数，ρ 为分辨系数，$\rho \in [0,1]$，通常取 0.5。

由式（5.5）可求得一个关联系数矩阵：

$$\varepsilon = \begin{bmatrix} \eta_{11} & \eta_{12} & \cdots & \eta_{1n} \\ \eta_{21} & \eta_{22} & \cdots & \eta_{2n} \\ \vdots & \vdots & \ddots & \vdots \\ \eta_{m1} & \eta_{m2} & \cdots & \eta_{mn} \end{bmatrix} \tag{5.6}$$

其中 $\eta_i = (\eta_{i1}, \eta_{i2}, \cdots, \eta_{in})$ 是第 i 个项目各指标值与相应的最优指标值的关联系数向量。

（5）项目优先级的确定

各待评项目指标值与最优值的关联度即为：

$$r_i = \eta_i W, (i = 1, 2, \cdots, m) \tag{5.7}$$

关联度数值越大则该项目的优先级越高，继而可确定每个项目的优先级。
如图 5.2 所示给出了基于 GRA 的多项目优先级评价方法流程。

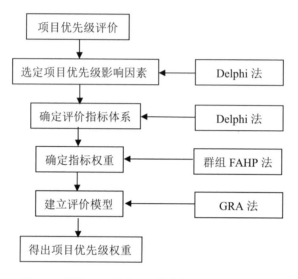

图 5.2　基于 GRA 的多项目优先级评价方法流程图

5.4　本章小结

对项目进行优先级评价是因为从战略角度来看，不同的项目对实现企业战略目标的重要程度是不同的，这些差异和冲突导致每个项目应得到的资源分配也应是不一致的，因此对项目进行优先级评价对后续实现项目实施过程的资源优化配置有着非常重要的意义。通过项目优先级排序，将资源优先提供给优先级高的项目，能有效降低由于无法按时完成项目引起的损失，关系到关键项目能否顺利推进，更关系到企业能否实现整体的战略目标。因此，本章旨在准确地对多项目进行优先级评价，首先依据多项目优先级指标体系的建立原则，采用 Delphi 法构建多项目优先级评价的指标体系，继而基于 FAHP 法确定评价指标权重值。最后，基于 GRA 法构建多项目优先级评价模型与方法流程，为接下来实现资源在项目实施过程中的优化配置提供数据支撑与理论基础。

第6章　多项目视角下项目资源优化配置方法

项目资源优化配置的方法有很多，本章我们在多项目的视角下，介绍一些项目资源优化配置的方法，同时对多项目调度问题和资源均衡问题进行处理。

6.1　项目资源优化配置方法

资源是项目建设的物质基础，它包括了生产力的各种要素，只有通过合理的组织和配置使生产力达到最优的结合，才能最大限度地发挥资源的效用。项目的资源需求通常存在两类问题：其一，由于某些客观因素的影响，能够提供的各种资源的数量往往是有限的，而不能满足项目的需求，即存在供需矛盾；其二，在计划工期内的某些时段出现资源需求的"高峰"，而在另一时段内则可能出现资源需求的"低谷"，且"高峰"和"低谷"相差很大，即资源需求的不均衡。项目资源优化配置，就是力求解决这种资源的供需矛盾或实现资源的均衡利用。

（1）"资源有限，工期最短"的优化

"资源有限，工期最短"的优化，是指通过优化，使单位时间内资源的最大需求量小于资源供应量，且对工期的影响最小。

解决资源供需矛盾的途径是提高供应量和降低需求量。

以下主要介绍降低需求量所采用的方法。通过推迟某些工作的开始、完成时间或延长其持续时间可降低在某时间段内的资源需求量。选择调整对象的方法有两种。

1）计算法

网络计划的类型不同，计算公式亦不相同。

双代号网络计划：

$$\Delta T_{m-n,i-j} = EF_{m-n} - LS_{i-j}$$

$$\Delta T_{m'-n',i'-j'} = \min\left\{\Delta T_{m-n,i-j}\right\}$$

式中，$\Delta T_{m-n,i-j}$ 表示在超过资源限量的时段中，工作 i–j 安排在工作 m–n 之后进行，工期所延长的时间；$\Delta T_{m'-n',i'-j'}$ 表示在各种顺序安排中，最佳顺序安排所对应的工期延长时间的最小值。

单代号网络计划：

$$\Delta T_{m,i} = EF_m - LS_i$$
$$\Delta T_{m',i'} = \min\left\{\Delta T_{m,i}\right\}$$

式中，$\Delta T_{m,i}$ 表示在超过资源限量的时段中，工作 i 安排在工作 m 之后进行，工期所延长的时间；$\Delta T_{m',i'}$ 表示在各种顺序安排中，最佳顺序安排所对应的工期延长时间的最小值。

计算法优化的一般步骤如下：

①计算网络计划各时段的资源需用量。

②从计划开始之日起，逐个检查各个时段资源需用量是否超出资源限量，若在计划工期内各个时段资源需用量均能满足资源限量要求，网络计划"资源有限，工期最短"的优化即完成，否则必须进行计划调整。

③超过资源限量的时段，计算 $\Delta T_{m'-n',i'-j'}$ 或 $\Delta T_{m',i'}$ 值，并依据此确定新的安排顺序。

④若最早完成时间 $EF_{m'-n'}$ 或 $EF_{m'}$ 最小值和最迟开始时间 $LS_{i'-j'}$ 或 $LS_{i'}$ 最大值同属一个工作，应找出最早完成时间为次小，最迟开始时间为次大的工作，分别组成两个顺序方案，再从中选取较小者进行调整。

⑤绘制调整后的网络计划，重复上述步骤，直到满足要求为止。

2）图解法

直接利用时间坐标网络图或横道图进行选择。如果以不影响工期为前提，则选择调整对象时所考虑的因素包括：选择非关键工作；在总时差范围内进行调整能使资源需要量降低。

（2）"工期固定，资源均衡"的优化

这一优化问题实际上是在不改变工期的前提下进行资源均衡。其方法是通过调整部分非关键工作时间参数，使资源的需求量趋于平稳。常用的资源均衡方法是一种启发式方法，即削峰填谷法。

1）削峰填谷的基本步骤

①计算网络计划各时间段资源需要量。

②找出需求高峰。

③确定高峰时段。

④选择优化对象，所选择的调整对象应是在总时差范围内能使资源需求量降低的非关键工作。

⑤若峰值不能再减少，即求得均衡优化方案；否则，重复以上过程。

2）优化示例

如图 6.1 所示是某工程项目的人力资源数量负荷图，该项目的甘特图如图 6.2 所示。在不影响总工期的前提下，对项目的进度安排进行调整，提出一个使人力资源高峰得以削减的进度计划调整方案。

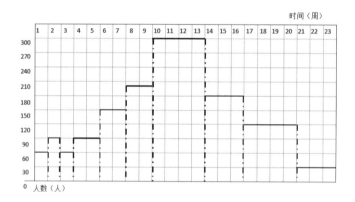

图 6.1　人力资源数量负荷图

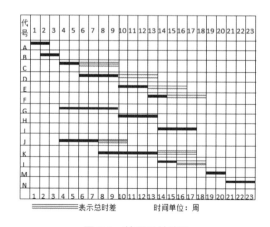

图 6.2　某项目甘特图

这是一个工期资源均衡的资源优化问题，采用"削峰填谷"的方法进行。由图 6.1 可知，本项目人力资源需求的最高峰是 300 人，在第 10 周到第 13 周之间。对照项目甘特图，在这一区间有 4 项工作，即 E、F、H 和 K。H 工作是关键工作，不能调整；K 工作有 3 周的总时差，如果将该工作推迟 3 周开始，仍未离开该区间，所以 K 工作也不能调整；E 和 F 工作均为非关键工作，且有 4 周的总时差，若将这两项工作推迟 4 周开始，则可完全离开该区间，所以最终确定调整 E 和 F 工作的开始时间，将其分别推迟至第 14 周和第 17 周开始。上述调整，既可以使人力资源需求高峰得以削减，又不会影响总工期。

以上问题的分析与解决思路都是基于单一项目管理环境，但是近年来，由于企业的发展和企业外部环境的变化，导致企业任务日趋项目化，一些企业必然会从原来的小规模单项目经营走向大规模多项目经营，越来越多的项目是在多项目环境下执行的。也就是说，绝大部分的项目，并非孤立，而是相互之间存在着资源竞争、工期冲突等多种联系。这些相互联系，尤其是并行项目间的资源竞争，加剧了项目管理的复杂程度。传统的项目管理方法，例如关键路线法和计划评审技术，能够很好地应用于单项目的管理，但是由于忽视了资源约束的存在，在现实中资源有限的情况下，已经不能有效地对并行多项目进行管理。项目规模的扩大、数量的增加以及地域上的拓展，给企业多项目间的资源配置带来了很多问题和挑战，传统单项目环境下的项目资源优化配置的两大问题，在多项目环境下也变得更为复杂。

6.2　多项目调度问题处理

6.2.1　多项目调度问题分析

（1）问题描述

资源约束项目调度问题（Resource Constrained Project Scheduling Problem，RCPSP）是目前项目调度问题研究领域内较为广泛和深入的一类问题，其基本概念最早由凯利（Kelley）于 1963 年首次提出。RCPSP 在拥有多种可更新资源、活动不可抢占、单一项目调度的规则下，以项目工期最小化为目标。该问题具备项目调度问题的典型特征，也较容易推广到其他相关问题中去，其研究成果对于提高资源利用率、降低项目管理成本有着重要的现实意义和工程价值，故备受广大研究者关注。

项目资源配置问题的核心问题之一在于确定优化目标。因此从现有文献来看，对于 RCPSP 模型的优化目标，不同的学者根据考虑的方向的差别给出了不同的设定。有些学者将项目调度鲁棒性最大化作为优化目标，针对项目调度中的资源不确定性问题建立数学模型，继而对问题模型设计了两阶段算法进行求解。也有学者同样针对不确定环境下的项目调度问题进行分析，提出以调度的净现值最大化为优化目标，并设计了一种基于信息素和模型中的随机变量搜索基准调度方案的蚁群算法，同时利用 Monte Carlo 仿真对模型和算法的有效性进行了鉴别。还有学者以时间为优化目标，研究了单项目环境下资源受限项目调度问题，提出一种具有硬性时间约束的资源受限项目调度扩展模型，并在资源受限项目调度中引入数据包络分析技术寻求调度方案选择问题的解决方案。确定型项目调度问题通常根据调度计划对项目资源进行配置，平衡项目的成本的同时控制项目的结束时间，而不确定型的项目调度问题则往往具有模糊性与随机性。因此，专家提出任务工期为随机模糊变量的假设，为适应不同管理需求分别构建以成本最小化、机会成本最大化等为优化目标的数学模型。

基于不同的优化目标所设定的问题模型具有不同的复杂程度，对于这些问题模型的求解方式自然也存在差异，随着问题规模的扩大和范围的延伸，从精确算法开始，到启发式算法，再到智能算法，学者们基于各自的研究视角，不断利用或改进算法，寻找更加适用和性能更高的算法。

基于精确算法的 RCPSP 问题求解主要以分支定界算法为主。早期研究中，有学者提出将分支定界算法应用于 RCPSP 实例求解，使用有向图中的各个顶点作为一定时间内可供同时调度的任务可行子集，但这种算法只适用于小规模问题的求解。有专家提出创建一个决策树进行最优解搜索的分支定界算法。其中，决策树上各节点分别代表一个子问题，树的各个分支则代表任务集。基于上面提出的算法，斯廷森（Stinson）等人提出根据松弛资源约束来产生最长路径上的下界。还有专家等提出的分支定界算法则对可行任务集中的任务按照项目最后一项工作的距离长度进行升序排列，继而按排列顺序对该可行任务集中的任务依次调度。

这项研究中使用了 4 种定界方法，并通过实验结果指出基于分离弧的定界方法效果最佳，且算法优于斯廷森等人的算法。后来有人对算法进一步改进，改进后的基于最小延迟替代集的分支定界法，经过实验后表明改进算法的求解速度可达前者的两倍。

启发式算法方面，现有研究主要为基于优先规则的启发式算法，由两个核心要素构成，即调度生成方案（Schedule Gennration Scheme，SGS）和优先规则（Priority Rule，PR），是计算各任务优先权系数的方法，SGS 是启发式算法的基础，其对任务选择没有要求，因此使用 PR 从备选任务集合中选取任务即形成了基于优先规则的启发式算法。关注的重点在于 PR 的制定。学者们经过大量研究提出了多达数十种的 PR 形式，其中较为常用的包括：最小自由时差（Minimum Slack，MSLK）、最高排列位置权重（Greatest Rank Position Weight，GRPW）、最晚开始时间（Latest Start Time，LST）、最晚结束时间（Latest Finish Time，LFT）等。从基于规则的启发式算法应用来看，通常是采用一种 SGS 和一种 PR，继而按任务优先值的大小选择任务，也有一些学者根据任务优先值计算任务被选概率，通过概率进行任务选择。

虽然启发式算法在应用中存在可能找不到高质量解的问题，但其可作为元启发算法也即智能优化算法的辅助手段之一。因此，在智能优化算法方面，专家基于遗传算法，将解码过程视作由编码确定的任务执行模式及调度顺序来确定各任务的开始、结束时间的过程。哈特曼（Hartmann）设计了全排列编码的遗传算法，并将该算法应用于调度问题的求解，编码采用满足逻辑关系的有序任务链表，并将串行调度方案作为解码规则。子种群的生成采用两点交叉算子方式，操作过程中保证链表中各任务顺序满足逻辑关系约束。初始解则是由嵌入 LFT 的基于后悔值的随机采样算法产生。在此之后，他又对自己提出的算法进行改进，设计了自适应遗传算法，解码过程根据各任务排序与执行模式按照串行调度方案生成可行计划，初始种群则随机生成。经验证后发现该算法虽然求解时间有所增加，但能够提高解的质量。这一思路也为本书后续研究提供了重要参考。

此外，还有一些学者尝试将禁忌搜索算法、粒子群算法、人工免疫算法等智能优化算法应用于 RCPSP 问题的求解上。这些算法的研究，拓展了问题模型求解的方法库，也为 RCPSP 问题在多项目环境中的进一步研究提供了思路。

在当前以客户、竞争与变化为主要特征的市场经济环境下，随着企业项目化进程的深入与项目数量的不断增多，企业在管理中越来越多地面临多项目并行的状态，传统项目管理方法在当前复杂化的管理环境中渐显不适，多项目管理开始走入企业管理者的视线，越来越多地被接受和选择。资源是企业进行多项目管理的关键制约因素之一，多项目之间通常在资源需求上存在矛盾冲突，企业如何从战略角度出发，科学合理地将有限的资源分配到各个项目，提高各项目资源利用效率，减少因资源配置不合理造成的项目工期拖延，尽可能地缩短多项目工期，是企业在多项目管理中着力探讨解决的难题之一。德克罗（Deckro）等人于 1991 年提出了资源受限多项目调度问题，即将针对单项目的 RCPSP 问题延伸成为针对多项目环境的 RCMPSP 问题，在多项目任务的逻辑顺序约束和外部资源总量约束的条件下，寻求对并行的多项目任务进行安排以实现目标函数的优化。

资源受限多项目调度问题研究的是从时间和资源角度安排调度多项目任务，在资源最优利用的同时实现订立目标的最优化。针对这一问题，现有研究成果较少，国内外学者主要根据各自不同的研究对象与优化目标建立数学模型，并提出了多种算法对问题模型进行求解。

从优化目标来看，有学者针对动态多项目环境，假设每个项目存在指定的完工日期，项目相对于该完工日期提前完成或延迟完成具有相应的奖惩，研究如何解决总的延迟成本最小化问题。针对 ETO 型机械制造企业，有学者以多项目资源约束下总工期最小为目标构建数学模型，并提出了改进的元胞自动机拓扑排序算法对模型进行求解。针对航空企业，则有学者对资源约束条件下的多项目计划调度优化问题建立数学模型，并设计了具有交叉、变异等操作的改进粒子群算法进行求解，对这一问题的研究取得了一定的进展。而对于制造业企业的协同制造资源优化配置问题，则是基于零部件生产中的工艺流程构建时间、质量、成本三目标融合的资源优化配置模型。

从模型求解算法来看，在对 RCMPSP 问题的早期研究中，学者们尝试使用精确算法对问题进行求解。有专家针对多项目调度中的工期最小化目标，使用仿真机制对整数规划模型生成的调度方案进行测试，通过对比选择较优的调度方案。德克罗等以多项目工期最短为目标，提出采用具有角结构的整数规划构建问题模型，并使用分解方法对所建模型进行求解。有专家针对多模式下的资源受限多项目调度问题模型，采用拉格朗日松弛分解算法确定优化目标的上界与下界，该方法能够对近似解的质量进行有效的评估。

　　但精确求解方法从实际应用来看只适合求解小规模问题，即便有充足的计算时间也无法解决一些复杂的项目调度问题。而实际情况下的多项目问题规模通常较大，这类算法的实际应用受到较大的限制。对此，现有文献中较多采用基于优先规则的启发式算法求解 RCMPSP 问题。有学者针对多项目调度问题，选择算例对六种新的优先规则的效果分别进行测试，结果表明 MAXTWK 和 SASP 是以平均项目延迟时为目标函数的最佳算法。还有学者面向资源约束下多项目调度问题，尝试了一类基于多优先规则的启发式算法，并提出关键任务优先调度的原则，也就是在关键任务产生资源争夺时，优先将资源分配给最短工期、最先完工等与剩余加工时间之比最小的任务，继而通过计算证明其所提规则的有效性。

　　随着智能优化算法的不断发展，一些学者开始在求解 RCMPSP 问题时尝试使用智能优化算法。

　　有学者综合使用约束求解和遗传算法，通过随机键（random keys）对染色体进行编码，从而为每个任务安排一个代表任务优先权重的随机键值，以此生成调度计划。并从应用角度针对软件开发领域的资源调度优化问题进行求解。

　　梁昌勇等以建筑设计项目为例，针对资源约束条件下的多项目调度问题，综合考虑项目、项目各任务和资源间的差异性，引入项目权重系数、活动质量因子和资源能力系数的三层指标概念建立问题模型，并采用调度倒排法和遗传算法进行求解，将资源合理配置到重要工序以实现项目整体质量和项目时间进度的最优目标。也有学者针对多项目调度问题，提出在遗传算法加入模拟退火算子进行求解，但是对这两种算法的结合不够紧密，导致找到全局最优解的概率相对较低。

　　本章所要研究的问题之一是在资源供应量有限的条件下，寻求多项目组合管理的工期最短的问题。按照传统的工程项目管理方式，每个项目对应一个项目经理，负责安排项目各项任务的开工与完工时间，确定各项任务的资源需求，并根据所能申请到的资源数量制订项目计划。由于项目经理的视角局限于其管辖的项目，仅关注其自身项目利益，因此各项目间对于共享资源就会产生资源冲突，这些冲突有损于企业整体利益。这也成为多项目环境下建筑施工企业主管部门需要着力解决的重点问题，即如何在任务逻辑关系、共享资源量限定的基础上，考虑不同项目的重要性与优先级，尽可能地消解项目间资源冲突，缩短各项目工期。该问题具体可进行以下界定：企业划分的某一战略领域中的项目组合有 N 个待开工项目和一个共享资源池，这些项目共用企业的 K 种共享有限资源，对有限共享资源的竞争是这些并行项目间的唯一联系。

（2）问题基本要素及解决模式分析

多项目调度问题由多种要素构成，主要包括任务、任务执行方式、资源、目标函数、约束条件等。

1）任务及其执行方式

一个项目通常由若干项任务（活动）构成，由于技术上的要求，这些任务之间存在着紧前紧后关系，项目的整体结构可用网络图来表示。

任务的执行方式可以根据是否可以被中断而分为两种类型，即抢占式与（preemptive）与非抢占式（non-preemptive）。其中抢占式执行方式指的是任务在执行过程中可以先中断执行，让其他任务优先执行，待满足一定条件后再继续执行。而非抢占式则是指任务一旦开始执行就不可中断。本书使用的是非抢占式 RCMPSP。

2）资源

如理论综述部分所述，资源可分为可更新资源、不可更新资源与双重约束资源三类，相应的 RCMPSP 问题可根据资源分类分为可更新资源问题、不可更新资源问题和双重约束资源问题。本书只考虑可更新资源对于 RCMPSP 的约束。

3）目标函数

资源约束条件下的多项目优化调度问题与单项目资源受限的调度问题类似，问题目标包括工期最短、成本最低、工期/成本平衡等多种形式。其中，对于工程项目来说，项目工期最小化是最常采用的目标形式，但是在多项目进度计划中，多个项目的重要性程度各不相同，单纯考虑工期最短只能达到单个目标的最优，无法保证多个项目工期目标的实现。因此，本书针对建筑施工企业的对工期的实际需求，在研究中引入前文所述多项目优先级，将目标界定为基于项目优先级权重的多项目加权总工期最小。

4）约束条件

依据之前项目分级形成的项目组合进行组合资源配置，每个组合中每种资源总量均是有限的，分配给组合中各个项目的资源量不能超过该组合所拥有的共享资源总量。此外，各项目内部各任务的紧前紧后关系也是 RCMPSP 问题的约束条件之一。

5）问题求解模式与工作流程

基于 RCMPSP 问题的构成要素，企业在执行多个项目前，一般需进行如图6.3 所示的各项工作。

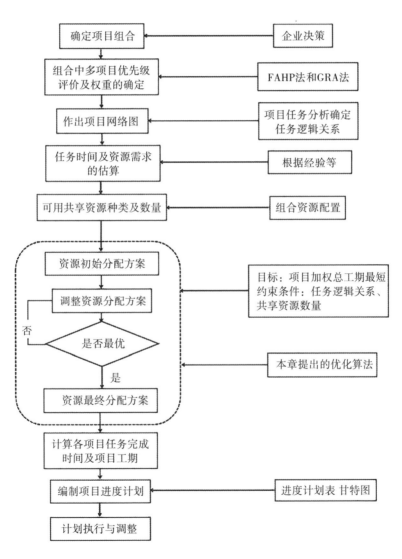

图 6.3　RCMPSP 求解模式与工作流程

6.2.2　多项目调度问题模型建立

（1）模型假设与符号定义

1）模型假设

本书针对建筑施工企业研究资源受限条件下的多项目调度问题，给出以下问题假设：

①所涉项目为一组并行项目且各项目优先级系数已通过项目优先级评价确定。

②这些项目共享同一组合资源池。

③各项目的网络结构已知且资源供给量有限。

④只考虑可更新资源且资源种类与数量确定。

⑤各项目之间相互独立，项目间不存在其他逻辑约束关系，项目之间的联系是对某些共享资源的竞争。

⑥项目中所有的任务执行模式为非抢占式。

2）模型符号定义

建立数学模型之前，首先对模型中所涉及的模型符号给出以下定义：

i：项目的编号，$i=1,2,\cdots,n$；

j：各项目中任务的编号；

k：共享资源的编号；

t：以天为计量单位的时点；

α_i：项目 i 的优先级权重；

t_{i0}：项目 i 的初始任务开始时间；

$t_{i(N+1)}$：项目 i 中最后一项任务的完成时间；

d_{ih}：第 i 个项目里第 j 个任务的工期；

P_{ij}：第 i 个项目里第 j 个任务的所有紧前任务的集合；

r_{ijk}：第 i 个项目里第 j 个任务每天对第 k 种资源的使用数量；

R_k：第 k 种共享资源的日最大供应量；

A_t：时点 t 正在进行任务的集合。

（2）资源约束条件下多项目优化调度模型建立

$$Minimize \sum_{i=0}^{n} \alpha_i \mid t_{i(N+1)} - t_{i0} \mid \qquad (6.1)$$

$$subject\ to:\ t_{ij} - t_{ih} \geq d_{ih},\ \forall h \in P_{ij}, \forall i,j \qquad (6.2)$$

$$t_{00} = 0 \qquad (6.3)$$

$$\sum_{T_{ij} \in A_t} r_{ijk} \leq R_k,\quad \forall k,t \qquad (6.4)$$

$$t_{ij} \geq 0,\quad d_{ij} \geq 0\ , r_{ijk} \geq 0 \qquad (6.5)$$

$$\sum_{i=1}^{n} \alpha_i = 1 \qquad (6.6)$$

式（6.1）为目标函数，用以表示 n 个项目的加权总工期最短；

式（6.2）表示各项目内容任务的紧前约束关系，表示任务须在其紧前任务完成后方能开始；

式（6.3）表示项目的虚拟任务的起始时间为 0，即不占用项目资源与时间；

式（6.4）为共享资源约束，即表示在时刻 t 进行的所有任务对资源 k 的需求总量不能超过其供应量；

式（6.5）表示任务开始时间、任务工期和资源均为非负数；

式（6.6）表示各项目优先级权重系数之和为 1。

6.2.3　问题模型的求解

（1）模型求解方法

资源约束条件下的项目进度优化问题的模型求解是项目管理资源优化配置问题的研究热点，从目前已有的研究成果来看，求解方法主要包括精确类算法、基于规则的启发式算法和智能优化算法等。如前文综述部分所述，当问题的规模不断增大的时候，传统的精确求解算法处理起来就会非常困难了，而基于规则的启发式算法往往是针对所研究的问题的特征提出特定的解决方案，通常不具有通用性。而近年来兴起的智能优化算法则较适于求解大规模问题。

相对于传统的精确算法，智能优化算法有以下特点：

一是与问题无关或不需要问题所提供的信息，如导数、梯度等信息。

二是提供多样性的大范围探索（exploration）和累进性小范围开采（exploitation）的均衡并行搜索机制，有较强的全局搜索能力。

三是多借助于计算机这一快速高效的工具，通过模仿自然界的自然现象、低等动物的群体行为等，采用随机选择、循序渐进、择优录用的原则逐渐逼近目标最优值。

四是多基于随机概率来决定下一步的搜索方向，这也是其称为非确定性算法的原因所在。

虽然最终得到的不一定是最优解，但对于大规模复杂问题，计算时效性强，搜索效率高，基本上能够满足工程的需要。从过往的研究文献来看，如何针对所研究问题设计更好的编码方式和解码规则改进现有算法，或采用计算效率更高、求解精度更高的算法进行求解，是目前研究的重要方向之一。

传统的 RCPSP 问题在单项目环境下已被证实为一类 NP-hard 问题，而多项目环境下研究资源约束下的项目调度问题 RCMPSP 相较单项目环境来说具有更高的复杂性，很多单项目管理中适用的方法无法匹配多项目管理的要求。鉴于传统算法在求解大规模问题上的缺陷和智能算法在对于复杂问题求解上的优越性，很多学者应用智能算法来求解资源受限项目调度问题，其中以遗传算法、蚁群算法、模拟退火算法、混合智能算法等为代表的智能优化算法在组合优化问题中得到了广泛应用。

其中，遗传算法（Genetic Algorithm, GA）最早是由美国的约翰·霍兰德（John holland）于 20 世纪 70 年代提出，该算法是根据大自然中生物体进化规律而设计提出的。遗传算法是模拟达尔文生物进化论的自然选择和遗传学机理的生物进化过程的计算模型，是一种通过模拟自然进化过程搜索最优解的方法。该算法通过数学的方式，利用计算机仿真运算，将问题的求解过程转换成类似生物进化中的染色体基因的交叉、变异等过程。在求解较为复杂的组合优化问题时，相对一些常规的优化算法，通常能够较快地获得较好的优化结果。但是遗传算法的搜索效率相对较低，局部搜索能力弱，容易出现过早收敛的问题。

蚁群算法是一种元启发式算法（Meta-heuristic Algorithm），算法模拟生物世界中蚁群搜索食物的路径选择行为。生物世界中的蚂蚁能够在没有任何可见提示下找出蚁穴到食物之间的最短路径，并且能随环境变化而改变搜索路径，生成新的选择。蚂蚁从食物源返回蚁穴的过程中，在其所经路径上外泌一种成为"信息素"的化学物质，通过这种方式形成信息素轨迹。蚂蚁在运动过程中能够感知信息素的存在和强度，并以此指导运动方向。较短的优化路径上将积累较多的信息素，后续蚂蚁选择该路径的概率越高，形成一种"自催化"的正反馈过程。蚁群算法通过创造人工蚂蚁模拟生物蚂蚁的搜索寻优行为，是生物蚂蚁的概念抽象，具有与生物蚂蚁类似的整体合作、通过信息素通信、利用信息正反馈机制寻优等特点，同时蚁群算法的人工蚂蚁还具有状态记忆能力、利用启发式信息、信息素释放强度和时机可控等生物蚂蚁不具备的特点。蚁群算法具有正反馈的特性，路径上的信息素水平较高，将吸引更多的蚂蚁沿这条路径运动，这又使得其信息素水平增加，这样就加快了算法的进程。蚁群算法具有较强的鲁棒性，只要对其模型稍加修改，便可以应用于其他问题。蚁群算法很容易与其他启发式算法相结合，以改善算法的性能。但是，该算法一般需要较长的搜索时间。蚁群中各个个体的运动是随机的，虽然通过信息交换能够向着最优解进化，但是当群体规模较大时，很难在较短的时间内从大量杂乱无章的路径中找出一条较好的路径。该算法容易出现停滞现象，即搜索进行到一定程度后，所有个体所发现的解完全一致，不能对解空间进行进一步的搜索，不利于发现更好的解。

模拟退火算法（Simulated Annealing，SA）的思想最早是由梅特罗波利斯（Metropolis）等于 1953 年研究二维相变时提出的。1983 年，柯克帕特里克（Kirkpatrick）等成功将其引入组合优化问题的求解中，并逐渐发展成一种启发式随机迭代搜索算法。SA 算法可用于求解不同的非线性问题，对不可微甚至不连续的函数优化，模拟退火算法能以较大概率求得全局解，具有较强的鲁棒性、全局收敛性、隐含并行性及广泛的适应性，并且能处理不同类型的优化设计变量，不需要任何辅助信息，对目标函数和约束函数没有任何要求。其缺点是收敛速度慢，而且可能得不到最优解。

粒子群算法（Particle Swarm Optimization，PSO）作为近几年发展起来的新

型进化算法，在工程领域应用越来越广泛。与 GA 类似，PSO 算法也是从随机解出发通过迭代寻优，继而以适应度函数对解的优劣进行评价。相对于 GA 等算法，PSO 算法的规则更加简单，且算法容易实现，求解精度和收敛速度等算法性能较优，但基本 PSO 算法易陷入局部最优，在实际应用中应当适当改进算法，给出早熟收敛的解决方案以提升算法效率。因此，本书对现有 PSO 算法进行改进，并尝试利用改进后的 PSO 算法对问题模型进行求解。

1）基本粒子群算法

粒子群优化算法是一种基于群体智能的并行优化算法，在 1995 年提出，并已大量应用于多个领域。粒子群优化算法与一定数量的子种群相关联，其基本算法可描述为：在一个 J 维搜索空间中，存在若干随机分布的有体积和重量的粒子，每个粒子都有两个值即速度向量与位置。其中粒子的位置值代表了问题的一个潜在解，粒子在解空间内按照速度向量的方向运动，每次迭代完成之后，粒子会飞行到一个新的位置，粒子通过适应度函数判断个体最优和群体最优位置，并以此确定新的速度向量继而不断调整自身位置。如图 6.4 所示给出了粒子群中的粒子飞行示意图。

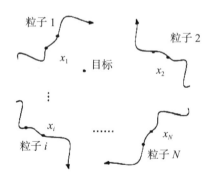

图 6.4　粒子飞行示意图

粒子的状态可表示如下：

设搜索空间初始为 J 维，粒子数量为 N。则有第 i 个粒子的位置可以表示为 $x_i = (x_{i1}, x_{i2}, \cdots, x_{iJ})$，$i = 1, 2, \cdots N$；每个粒子对应的速度可表示为 $v_i = (v_{i1}, v_{i2}, \cdots, v_{iJ})$，$i = 1, 2, \cdots N$。每个粒子在搜索时需要考虑两个因素，一是个体搜索到的历史最优值 p_i，$p_i = (p_{i1}, p_{i2}, \cdots, p_{iJ})$，$i = 1, 2, \cdots N$，或直接表示为 $Pbest$；

二是全部粒子搜索到的最优值 p_g，$p_g = (p_{g1}, p_{g2}, \cdots, p_{gJ})$，$g = 1, 2, \cdots N$，或直接表示为 $Gbest$。

在标准粒子群算法中，按照式（6.7）（6.8）进行粒子速度和位置的更新：

$$v_{ij}(t+1) = v_{ij}(t) + c_1 \cdot rand_1() \cdot [P_{ij}(t) - x_{ij}(t)] + c_2 \cdot rand_2() \cdot [P_{gj}(t) - x_{ij}(t)] \quad （6.7）$$

$$x_{ij}(t+1) = v_{ij}(t+1) + x_{ij}(t) \quad （6.8）$$

其中，$v_{ij}(t)$ 是粒子 i 在 t 时刻第 j 维的速度，$j = 1,2,\cdots,n$。x_{ij} 是粒子 i 在 t 时刻第 j 维的位置。c_1 和 c_2 是正数的加速度常量，分别是粒子跟踪自身历史最优值和群体最优值的权重系数，用来度量个体认知部分和社会认知部分对于速度更新的贡献，通常设置 $c_1 = c_2 = 2$。$rand_1()$ 和 $rand_2()$ 都是 [0，1] 区间上均匀分布的随机系数，以模仿实际情况中出现的不确定性因素，随机数的取值范围在 [0，1] 之间可以使粒子运行速度限定在范围 $[-v_{max}, v_{max}]$ 内，以保证粒子位置始终保持在解空间内，即 $x_{ij} \in [-x_{max}, x_{max}]$。因此可以看到，基本的粒子群算法速度更新公式（6.7）由粒子速度部分、粒子个体认知部分和粒子社会认知部分三个部分组成，三者共同作用使粒子调整自身位置以搜寻最优解。

标准粒子群算法的执行过程主要包括以下几个步骤：

①对包括种群规模、学习因子、惯性系数以及最大迭代次数等在内的算法参数进行设定，并在解空间中对每个粒子的速度值和位置值进行随机初始化设置，并根据适应度函数计算每个粒子的适应度函数值，求得个体极值和全局极值；

②根据公式（6.7）计算粒子速度值；

③根据公式（6.8）计算并粒子位置；

④计算每个粒子在新位置下的适应度函数值；

⑤分别对个体极值和全局极值进行更新，通过比对各粒子当前适应度值和全局遍历最优适应度值，将具有较好适应度值的位置更新成为当前的最优位置；

⑥设置迭代次数完成、适应度值最优等迭代循环结束条件，重复步骤②到步骤⑤，直至满足所设定的条件，继而输出最优值至算法结束。

2）变惯性权重粒子群算法

基本粒子群算法原理简单易行，但其遍历解空间的搜索能力与局部搜索速度都不够优秀。1998 年史玉辉（Yuhui Shi）和埃伯哈特（Eberhart RC）在进化计算的国际会议上发表了一篇题为"A modified particle swarm optimizer"的论文，对基础粒子群算法的公式进行了修正，提出了标准 PSO 算法（Standard Particle Swarm Optimization, SPSO）。通过引入惯性权重因子以更好地控制粒子搜索范围，修正后的公式方程如下：

$$v_{ij}(t+1) = \omega v_{ij}(t) + c_1 rand_1() [P_{ij}(t) - x_{ij}(t)] + c_2 rand_2() [P_{gj}(t) - x_{ij}(t)] \qquad (6.9)$$

由公式（6.8）和公式（6.9）共同构成了 SPSO 算法方程。其中，ω 称为惯性权重系数，它控制着粒子的惯性，衡量前一时刻的速度对于下次移动的影响，也可以看成是粒子对先前飞行的记忆程度。具体来说，当设置 $\omega > 1$ 时，粒子做加速运动，运行速度加快，在迭代时间内运动距离变远进而增加粒子搜寻范围；而当设置 $\omega < 1$ 时，粒子为减速运动，运行速度变慢，迭代时间范围内运动距离变近使得搜索范围受限；而当 $\omega = 1$ 时候，SPSO 与基本 PSO 算法公式一致。因此，较大值的 ω 有利于探索，增加种群多样性；而较小的 ω 能提升局部发掘的能力。通过对 ω 取值进行调节，可以控制粒子搜寻能力在局部和全局之间的强弱变换。

有学者在对一般性问题进行分析后总结出规律，即在一般问题的求解过程中，往往迭代过程开始时的粒子分布较为分散，需要用较强的全局搜寻能力使粒子快速收敛到最优解附近，而当算法执行后期，粒子收敛到最优解附近的一定区域后，又需要减小速度在局部进行细致搜索。因此，虽然在初期将惯性权重系数取为常数，但通过实验，学者们发现动态 ω 能够获得比固定值 ω 更好的寻优结果。动态 ω 即可以在 PSO 搜索过程中线性变化，也可根据 PSO 性能的某个测度函数动态改变。更有学者为更好地协调粒子群算法的全局搜索能力与局部搜索能力间的平衡关系以控制其开发与寻优探测能力，提出了惯性权重线性递减的策略（linearly decreasing weight, LDW），通过使用可改变的惯性权重，在初期设置一个较大的 ω 值，随着迭代逐步减小，从而由探索逐步转向为发掘。对惯性权重约束如下：

$$\omega = \omega_{max} - (\omega_{max} - \omega_{min}) \cdot Iter / T_{max} \qquad (6.10)$$

其中，$\omega \in [\omega_{max} - \omega_{min}]$，$\omega_{max}$ 在迭代初期开始时使用，是 ω 初始值和上限值，ω_{min} 在迭代后期结束时使用，是 ω 的终值和下限值；$Iter$ 是当前迭代次数，T_{max}

为最大迭代次数或总的迭代次数，在算法初始化时进行设置，通过计算 $Iter/T_{\max}$ 即可得出算法执行时间。实验已证明该策略能够对 PSO 寻优效果进行有效改进。此外，专家又先后提出了随机惯性权重策略与模糊惯性权重策略。其中，随机惯性权重策略通常用于动态系统的求解，而模糊惯性权重策略则由于依赖专家知识建立模糊规则，因此实现难度相对较大。

戴文智等提出了一种对数递减策略（Logarithmic Decreasing Weight, LOGW），即：

$$\omega = \omega_{\max} - \alpha \cdot (\omega_{\max} - \omega_{\min}) \cdot \log_{T_{\max}}^{Iter} \qquad (6.11)$$

并提出 α 为对数调整因子，$0 < \alpha < 1$ 时称为对数压缩因子，$\alpha > 1$ 时称为对数膨胀因子。其通过测试实验认为 LOGWPSO 算法性能明显优于 LINWPSO。

为改变 LINW 策略的单一调节模式，引入聚焦距离变化率概念，将其定义为：

$$k = \frac{MaxDist - MeanDist}{MaxDist} \qquad (6.12)$$

其中，$MeanDist$ 为平均聚焦距离，$MaxDist$ 为最大聚焦距离。并提出基于聚焦距离变化率的自适应惯性权重，通过对每次迭代计算聚焦距离变化率来判断此次粒子应该提升其全局搜索能力还是局部搜索能力，继而对惯性权重进行动态调整，即：

$$\omega = \begin{cases} (\alpha_1 + |r|/2)|\ln k|, & |k| > 1 \\ \alpha_1 \alpha_2 + |r|/2, & 0.05 \leqslant |k| \leqslant 1 \\ (\alpha_2 + |r|/2), & |k| < 0.05 \end{cases} \qquad (6.13)$$

其中，k 为聚焦距离变化率，r 为 [0, 1] 区间内均匀分布的随机数，取 $\alpha_1 = 0.3$，$\alpha_2 = 0.2$。通过实验证明其提出的动态变惯性权重的自适应粒子群（DCWPSO）收敛速度与精度均优于 LINWPSO。

本书对自适应策略与对数递减策略的寻优效果进行比较，分别采用四种主要测试函数 Rastrigrin、Rosenbrock、Ellipse、Griewank，对两类策略下的 PSO 寻优效果进行测试，结果显示，四种函数下基于自适应变权重策略的粒子群算法得出的最终适应度值均为最小，收敛速度也有一定优势，表明该策略下粒子群能够有效跳出局部最优，进而能够有效改进粒子群算法的寻优能力和效果，优于其他两种权重方法（表6.1）。因此，本书选用这一动态惯性权重调整策略下的粒子群算法即DCWPSO算法进行后续研究。

表6.1　给定迭代次数的运行结果

函数	策略	初始设置			结果			
		粒子数	速度更新参数	迭代次数	平均适应值	方差	成功率	最终适应值
Rastrigrin	标准	30	C1=1.6, C2=1.8	1500	13.4409	6.0692	35	5.3706
	对数递减	30	C1=2, C2=2	1500	10.7077	4.4920	50	4.9902
	自适应	30	C1=2, C2=2	1500	10.6222	5.1587	60	4.0998
Rosenbrock	标准	30	C1=1.6, C2=1.8	1500	24.0124	30.1511	25	6.8997
	对数递减	30	C1=2, C2=2	1500	15.4026	26.2941	85	5.2760
	自适应	30	C1=2, C2=2	1500	31.6344	31.9361	25	4.7153
Ellipse	标准	30	C1=1.6, C2=1.8	1500	0.0515	0.0541	100	9.2796e-004
	对数递减	30	C1=2, C2=2	1500	4.7571e-247	0	100	1.0046e-252
	自适应	30	C1=2, C2=2	1500	5.6461e-232	0	100	3.6706e-255
Griewank	标准	30	C1=1.6, C2=1.8	1500	15.6287	4.1122	5	9.8427
	对数递减	30	C1=2, C2=2	1500	4.8821	1.2159	100	2.9693
	自适应	30	C1=2, C2=2	1500	9.9254	4.7848	50	2.9215

（2）DCWPSO算法求解资源约束条件下的多项目调度问题

1）项目优先级计算

如前文所述，结合建筑施工企业所涉及项目特点，构建了多项目优先级评价指标体系，并基于FAHP法确定评价指标权重值，在此基础上建立基于GRA法的建筑施工企业多项目优先级评价模型继而对项目优先级进行求解。

2）粒子编码方式与种群初始化

对于智能算法求解资源受限多项目调度问题来说，解的编码方式其中的重要环节，对 PSO 算法同样如此，粒子编码方式的选择直接影响 PSO 算法的优化性能。标准 PSO 算法通常采用实数编码方式，在连续空间内对粒子位置进行群体进化搜索，具有本质连续的特征。同样在 DCWPSO 算法中，粒子位置同样属于连续实数域空间，具体到研究的多项目调度问题中，解的空间是离散的整数域空间，粒子位置无法直接标示问题解。因此，在使用 DCWPSO 求解该问题时，需要通过对粒子进行编码来构建粒子表达方式与问题解空间二者之间的映射关系，继而对粒子群迭代计算并解码最优粒子，最终生成调度方案。在设计粒子编码方式时，需要注意两个关键问题：一是粒子编码方式所对应的调度方案是否可行；二是粒子编码方式是否适用于粒子群算法的位置—速度计算模型，以保证 PSO 算法在搜索过程中向调度问题的最优或次优解逼近。有学者基于调度问题的不同特点，分别基于粒子位置次序（particle position sequence，PPS）、粒子位置取整操作（particle position rounding，PPR）及二者混合的 PPR-PPS 提出了三种调度问题解的粒子编码方式。其中，基于 PPS 的粒子编码方式能够映射调度问题的解空间，将不同的位置顺序对应不同的任务开工次序以对应生成调度方案，每个粒子对应的调度方案均可行。同时，任务次序是通过对粒子位置向量的元素值排序产生以形成一个可行调度方案，其解码过程比较简单。此外，在迭代优化计算过程中，随着每个粒子位置的更新，整个粒子种群在调度的解空间进行并行搜索。因此，本书采用基于 PPS 的粒子编码方式对粒子进行编码。

首先确定编码长度，在粒子群算法的 n 维空间中，粒子维数与任务数量相同，例如项目 1 的任务数为 n_1，项目 2 的任务数为 n_2，项目 3 的任务数为 n_3，那么粒子的编码长度为 $n = n_1 + n_2 + n_3 + 2$。其原因在于，我们构造第 1 个节点为虚拟起始节点，第 n 个节点为虚拟结束节点，节点的工期和资源需求都为 0，因此总节点数为全部项目子任务数之和加 2，进而将粒子的维数设定为 n，每个粒子的 n 个元素代表多项目所包含的全部任务，最优粒子位置的 n 个参数即表示任务优先级，粒子每维范围需在 [0，1] 区间内。

令 $X_i = (x_{i1}, x_{i2}, \cdots x_{ij}, \cdots x_{in})$ 为粒子群中第 i 个粒子位置，在满足任务之间逻辑关系约束前提下，X_i 的值即代表相应任务优先级别，对位置向量 X_i 中的各元素进行排序，可得到一个节点编号排序序列 S 即一个可行的调度方案。在迭代优化计算过程中，随粒子位置向量的更新，该序列也在不断变化，各粒子性能优劣取决于根据目标函数设立的适应值。

种群初始化是算法迭代的起始点，可通过随机生成种群或选择适合种群的方式完成。好的初始种群要求个体在解空间中尽可能均匀分布，因此很多算法常采用随机方式生成初始种群。

3）粒子适应度函数

在粒子群算法中，粒子群位置的更新和速度更新根据粒子适应度进行，因此，应当依据多项目调度问题设定的优化目标函数设定粒子适应度函数。由于本书所建模型中的目标设置为多项目加权总工期最小化，调度方案的优劣与否取决于该目标函数，因此，本文将粒子适应度函数 $Fitness(X_i)$ 定义为：

$$Fitness(X_i) = \frac{C}{T} = \frac{C}{\sum_{i=0}^{n} \alpha_i \left| t_{i(N+1)} - t_{i0} \right|} \quad （6.14）$$

其中，C 为非零非负的适应度函数调节系数，T 为多项目加权总工期即目标函数。从适应度函数不难看出，$Fitness(X_i)$ 值越大，目标函数值 T 越小，该调度方案也就越好。

4）调度生成方式

对于资源受限多项目调度问题，无论使用何种方式，都需根据求解方法生成项目调度以便决策者进行任务执行安排。项目调度是在满足资源与时序约束前提下，通过任务优先值动态分配形成。调度生成方案（Schedule Generation Scheme，SGS），最早于 1963 年引入我国。后续学者以 SGS 为基础展开研究，提出了多种启发式算法。其中根据扩展形式的不同，SGS 又可分为以任务为单位的串行调度生成方案（Serial Schedule Generation Scheme，SSGS）和以时间为单位的并行调度生成方案（Parallel Schedule Generation Scheme，PSGS），两种调度生成方法均为对一个不完全计划的扩展直至形成完整的调度计划。

串行调度生成方案的调度不允许任务在不推迟其他任务的条件下提前开始，而并行调度生成方案所产生的调度则为即使允许任务抢占仍然没有任务可以在不推迟其他任务的条件下提前开始。其中，SSGS 包含 n=1，2，…，N 个阶段（N

表示任务总数），每个阶段均有两个不相交的任务集合 S_n 和 C_n ，S_n 为包含已被调度任务的已调度任务集，C_n 为包含可以被调度任务的可调度任务集。每阶段从可调度任务集合 C_n 中根据选定优先规则选取一个任务，并在符合紧前关系与资源约束的前提下尽快安排此任务开始，当该任务被调度后，将其从集合 C_n 移至 S_n 。C_n 中则包含所有尚未安排进度且其紧前任务已排好进度的任务。SSGS 能够在保障紧前关系和资源约束的条件下，提前任意一项任务，同时延迟其他一些任务。

对于诸如最小化项目工期的大部分常规指标，SSGS 作为一种积极任务调度方案通常更为适用，在生成方案过程中，虽然 PSGS 的搜索空间小于 SSGS，且 PSGS 生成集合为 SSGS 调度集合子集，但是使用 PSGS 求解有可能错过最优解。对此，专家提出，相对于 SSGS，PSGS 在求解规模较小与资源限制较强的项目中得出结果较优。而在求解较大规模与资源限制适当的项目上，SSGS 得出结果更优，具体选择哪一种 SGS 可针对实际应用问题特点确定。因此，本书针对所研究问题特点，采用 SSGS 生成调度结果，具体过程如下：

①初始化相关参数，选择第 $n=1$ 个粒子初始化，$n=1,2,\cdots,P$ ，$S_n=\varnothing$ ，$C_n=\varnothing$ ，$t=0$ ，其中 S_n 为已处理任务集合，C_n 为待处理任务集合。

②参照 C_n ，选择其中优先值最高的任务 j ，同时计算获取任务工期 d_j 。

③按照 S_n 中已处理任务完成时间与资源剩余量 ΔR_{kt} ，要求 $r_{jk} \leqslant R_{kt}$ ，即要求任务 j 对于第 k 种资源的需求少于 k 类资源在 t 时刻的剩余量，确定任务 j 的最早开始 EST_j ，依据任务工期 d_j 得出最早结束时间 EFT_j 。

④更新 S_n 与 C_n ，将任务 j 添加到 S_n 中，并删除 C_n 中的任务 j ，即 $S_n = S_{n-1} \bigcup \{j \mid j \in C_{n-1}\}$ ，$C_n = C_{n-1} \setminus \{j \mid j \in C_{n=1}\}$ 。

⑤检查任务是否已被全部调度，即若 $j=J$ ，转⑥；若 $j \neq J$ ，则令 $j=j+1$ ，转②。

⑥若 $n=P$ ，转⑦；若 $n \neq P$ ，则令 $n=n+1$ ，转①，P 为粒子种群规模数。

⑦结束。

5）DCWPSO 算法求解 RCMPSP 流程

综上所述，本书将 DCWPSO 算法求解 RCMPSP 整体流程梳理如下：

①读取资源限制的任务数据，并对包括种群规模 popsize ，学习因子 c_1、c_2 ，

惯性系数 ω_{max}、ω_{min} 以及最大迭代次数 ITmaxgen 等在内的算法参数进行设定。

②在解空间中对每个粒子的速度值和位置值进行随机初始化设置。

③根据公式（6.7）（6.8）对种群中所有个体执行速度、位置更新，并根据式（6.12）计算出聚焦距离变化率 k，从而按照式（6.13）确定惯性权重 ω。

④求得个体极值 p_{best} 与全局极值 g_{best}，并比较各粒子当前适应度值和全局所经历的最好的位置的适应度值，根据适应度值优劣选出种群中的最优个体。

⑤设置迭代次数完成、适应度值最优等迭代循环结束条件，若达到最大迭代次数或满足精度要求，则终止算法，输出结果；否则转③继续执行。

⑥结束。

DCWPSO 算法求解 RCMPSP 流程如图 6.5 所示。

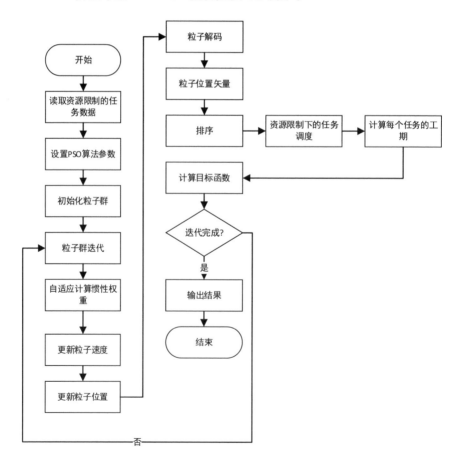

图 6.5　DCWPSO 算法求解 RCMPSP 流程

6.2.4　多项目调度问题案例

（1）案例说明

对 RCPSP 问题的仿真实验，通常可使用国际上通用的 Patterson 问题集或 PSPLIB 标准问题库中的单项目案例进行。而对于多项目环境下的 RCMPSP 问题来说，目前缺少相应的通行 benchmark 库。现有文献对于 RCMPSP 问题的案例构建主要通过项目实践、少数示例性案例以及组合单项目案例等方式进行。因此，本章以建筑施工企业项目实践为基础，构建由三个项目所组成的资源受限多项目调度案例，案例中三个小规模项目并行施工，并同属一个项目组合，共享同一项目组合资源池中的三种瓶颈资源，这三种资源的拥有量分别为 $R_1 = 13$，$R_2 = 17$，$R_3 = 19$。项目 I、项目 II、项目 III 具有不同优先级，通过本书前文所述的多项目优先级评价指标体系及 FAHP-GRA 评价法进行求解。在此为简化计算，三个项目优先级分别取 $\alpha_1 = 0.5$，$\alpha_2 = 0.2$，$\alpha_3 = 0.3$。此外，项目施工中每项工序均由固定编号的任务表示，多项目调度中各项目及其任务的相关信息如图 6.6、6.7、6.8 所示，三个项目共包含 36 项任务。目前，对于多项目调度问题中的多项目处理方法主要有两种：一是通过在多个项目中加入虚拟的开始节点和终止节点，将多项目转化为单项目进行求解；二是将多项目进行独立求解。针对本书研究问题可以看到，资源限定下的多项目资源需求间存在冲突，如孤立地将项目分割求解所得到的调度方案难以保证其最优性，而多项目转化为单项目的操作形式简单，之前文献研究中多有应用，从实际结果来看，求解结果大多能够满足问题求解的需求。故本书同样采用这一形式对 RCMPSP 问题进行求解。

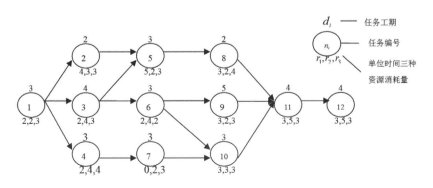

图 6.6　项目 I 网络图

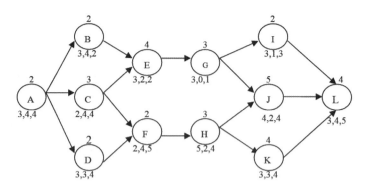

图 6.7 项目 II 网络图

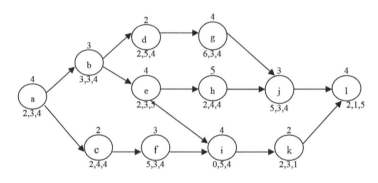

图 6.8 项目 III 网络图

在单项目环境下，资源的配置过程往往通过项目网络计划来实现。多项目环境下，同样需要通过各项目的网络计划实现资源的有效配置。通过将各项目网络计划进行组合，即可建立多项目网络计划。具体来说，首先各项目建立各自的项目网络计划以明确项目任务间的逻辑关系。随后，在多项目的首尾位置分别添加一个虚拟的开始节点（S^*）和结束节点（F^*），这两个虚拟节点的工期和资源需求均为零，将多个项目的网络计划以并行方式组织起来合并为一个总项目的网络计划。

在此基础上，根据各任务工期即总项目网络结构关系计算得出模型所需的总项目中各任务时间参数，继而对本书提出的问题模型进行求解。因此，本书按照这一思路将三个项目网络图进行合并，多项目合并后的总项目单代号网络图如图 6.9 所示。此外，初始网络计划的各项目任务参数如表 6.2、6.3、6.4 所示。

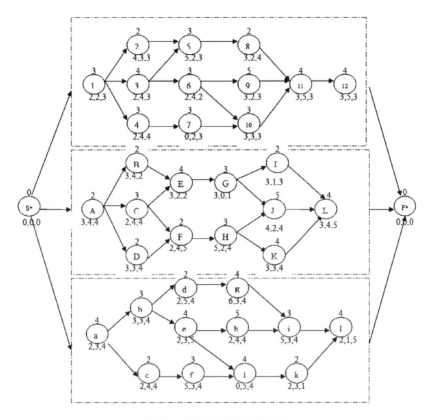

图 6.9　三项目合并后网络图

表 6.2　项目 I 数据表

项目	工作名称	持续时间	紧前工作	资源类别		
				1	2	3
项目 I	1	3	—	2	2	3
	2	2	1	4	3	3
	3	4	1	2	4	3
	4	3	1	2	4	4
	5	3	2，3	5	2	3
	6	3	3	2	4	2
	7	3	4	0	2	3
	8	2	5	3	2	4
	9	5	6	3	2	3
	10	3	6，7	3	3	3
	11	4	8，9，10	3	5	3
	12	4	11	3	5	3

表 6.3　项目 II 数据表

项目	工作名称	持续时间	紧前工作	资源类别		
				1	2	3
项目 II	A	2	—	3	4	4
	B	2	A	3	4	2
	C	3	A	2	4	4
	D	2	A	3	3	4
	E	4	B，C	3	2	3
	F	2	C，D	2	4	5
	G	3	E	3	0	1
	H	3	F	5	2	4
	I	2	G	3	1	3
	J	5	G，H	4	2	4
	K	4	H	3	3	4
	L	4	I，J，K	3	4	5

表 6.4　项目 III 数据表

项目	工作名称	持续时间	紧前工作	资源类别		
				1	2	3
项目 III	a	4	—	2	3	4
	b	3	a	3	3	4
	c	2	a	2	4	4
	d	2	b	2	5	4
	e	4	b	2	3	5
	f	3	c	5	3	4
	g	4	d	6	3	4
	h	5	e	2	4	4
	i	4	e，f	0	5	4
	j	3	g，h	5	3	4
	k	2	i	2	3	1
	l	4	j，k	2	1	5

（2）结果及算法性能对比分析

1）算例求解结果

首先对 DCWPSO 的粒子群种群数、迭代次数、初始惯性权重系数等参数进行设置，继而在 MATLAB 软件环境下对 DCWPSO 算法编程并进行算法计算。算法运行 50 次，其中获得的最优解输出的多项目调度结果如表 6.5 所示，如图 6.10 所示则给出了多项目调度甘特图。

表 6.5　多项目调度结果

	任务编号	1	2	3	4	5	6	7	8	9	10	11	12
项目 I	开始时间	1	9	4	4	11	8	7	14	11	11	16	20
	结束时间	3	10	7	6	13	10	9	15	15	13	19	23
	任务编号	A	B	C	D	E	F	G	H	I	J	K	L
项目 II	开始时间	1	7	17	3	20	22	24	24	27	27	27	32
	结束时间	2	8	19	4	23	23	26	26	28	31	30	35
	任务编号	a	b	c	d	e	f	g	h	i	j	k	l
项目 III	开始时间	1	5	5	14	8	7	16	12	16	20	20	23
	结束时间	4	7	6	15	11	9	19	16	19	22	21	26

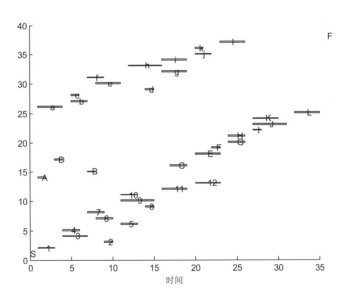

图 6.10　多项目调度实例结果甘特图

2）求解结果与计算性能对比分析

　　为进一步验证本书使用的 DCWPSO 算法对于求解 RCMPSP 问题的有效性，继续使用 GA 算法和基本 PSO 算法对同一问题模型进行求解，并将所得求解结果与计算性能与 DCWPSO 进行对比分析。基本 PSO 算法参数设置与本书算法设定一致。通过计算分别得出求解结果，如表 6.6 所示。

表 6.6 各种算法计算比较

算法	收敛代数	平均迭代时间（秒）	50 次运算中求出最优解次数	多项目加权总工期（天）	项目最大工期（天）
GA	22	157.12	50	26.4	38
PSO	17	181.36	49	27.1	37
DCWPSO	13	215.62	50	26.3	36

仅从整体视角进行的资源配置并不具体，无法指导项目实施过程的资源配置。多项目环境下，资源优化中资源有限、工期最短问题进一步复杂化。因此，本部分内容在前文确定的项目组合与共享资源限制基础上，对多项目环境下的 RCPSP 问题进行扩展。根据上一章提出组合内多项目优先级权重的确定方法确定各项目的优先级权重，并以多项目加权总工期为优化目标构建 RCMPSP 模型。通过性能测试，选用 DCW 策略平衡 PSO 的全局寻优与局部寻优。为进一步验证 DCWPSO 算法求解 RCMPSP 的有效性，对其求解结果与采用 GA、PSO 算法的求解结果进行对比分析，结果表明 DCWPSO 算法在问题求解上具有优势，可以有效地指导多项目优化调度，实现多项目的资源优化配置，为项目实施过程的任务调度与资源配置提供参考。

6.3　多项目资源均衡问题处理

资源均衡问题（Resource Levelling Problem，RLP）是项目资源配置领域的又一主要研究问题，旨在确定一个项目基线进度计划，在满足项目任务逻辑关系约束和工期约束的条件下，最小化资源利用波动。此类问题与 RCPSP 问题具有相同的任务逻辑关系约束，但与其目标函数不同。与 RCPSP 问题一样，RLP 在理论上被证明为强 NP-hard 问题，并在实践中同样具有广泛应用价值。

专家们首先针对单资源环境下的 RLP 进行研究并求解。早期学者们的研究也都是针对单一资源平衡问题，只是解决问题的思路有所差异，有的学者基于自然数编码进行研究。有的则提出采用最小时刻法的求解方式，具有一定的创新性。而从实际情况来看，在项目实施过程中通常需要多种资源辅助项目实施。因此，学者们逐渐开始将关注的重点移至多资源条件下的项目资源均衡问题上。在前人研究的基础上，有学者提出将单资源均衡问题进一步扩展为多资源均衡问题。接下来，学者们针对多资源的均衡配置问题纷纷展开研究，并各自提出了解决多资源问题的原理、方法与步骤。他们的研究或着眼于多资源均衡配置问题优化目标与模型的设定，或着眼于评价指标体系的构建，并采用多样化的理论与方法针对不同情况进行研究，在一定程度上拓展了资源均衡问题的研究范围。

与 RCPSP 类似，针对 RLP 问题模型的求解方式同样有很多种类，主要使用精确算法求解、启发式算法求解、智能优化算法求解等思路。其中，在精确算法方面，近些年研究主要以整数规划与分支定界算法为主，从现有文献看，基于整数规划的算法是精确算法中目前最为行之有效的方法，但精确算法在实际使用中的限定性仍然十分明显，一般只能应对小规模问题。对于启发式算法而言，虽然求解大规模问题所花费时间较短，因而在实践中也被广泛应用，但启发式算法的问题在于在很多情况下难以求得令人满意的高质量解。因此，针对大规模的复杂 RLP 问题，设计新型高效的智能优化算法开始受到关注。很多学者各自构建了问题模型，并使用遗传算法、粒子群算法、迭代贪婪算法、布谷鸟算法、蚁群算法等多种不同的智能优化算法进行求解，并通过案例验证了这些方法在实现资源有效均衡配置中的作用。这些算法的研究，扩充了 RLP 问题模型求解的方法库的同时，也为 RLP 问题在多项目环境中的研究提供了思路。

RLPMP 是 RLP 在多项目环境下的扩展，现有针对项目资源均衡问题的研究很多只适用于单项目环境，而针对单项目的资源均衡优化在企业实际应用中存在不足。现有研究主要着力于根据不同的优化目标和约束条件建立问题模型，以及对问题求解算法的适应性改进上。

由于多项目资源均衡问题的复杂性，现有研究优化目标多针对单资源环境，这些研究虽对于多项目资源均衡问题在建筑施工行业中的应用具有借鉴意义，但也可以看到，基于多项目资源均衡问题的实际应用环境及特点，仅对于单一资源的研究存在适用性上的不足。

因此，根据建筑施工企业所涉项目与资源特征，接下来我们将针对多项目环境下的多资源均衡优化问题构建数学模型，并提出了一种基于精英保留策略的改进差分进化算法，旨在通过算法的改进，维持种群多样性的同时保障算法的全局收敛性，通过对问题模型的求解，使得多项目中的多种资源在一定程度上实现均衡化配置。

6.3.1 多项目资源均衡问题分析

（1）问题描述

传统的资源均衡问题研究项目任务实际开工时间的合理性，以期使资源消耗在整个项目生命周期内趋于平衡也即资源方差最小。因此，对于建筑施工企业来说，工期固定下的资源均衡的作用即在于在建设工程项目实施过程中，在项目工期不变的前提条件下，通过在时差范围内移动非关键任务进行项目进度计划调整，使项目资源需求尽可能均衡，在整个项目生命周期内减少资源使用量的波动，避免出现短时过高的高峰和过低的低谷，使各个时段资源均衡分配以降低项目实施过程中的资源浪费和成本消耗，降低项目运行成本的同时提高资源利用效率。

其中，针对单资源环境下的资源均衡优化存在多种资源均衡性评价指标，如不均衡系数、方差、极差以及最大绝对离差等。而在工程项目实施过程中，往往存在多种资源需求。因此，对工程项目资源均衡问题来说，只考虑单资源环境并不满足项目实际情况，需要在多资源环境下进行资源均衡优化，而就目前研究来看，单资源环境下的资源均衡优化已有诸多研究，也取得了很大进展，但多资源均衡优化问题由于其复杂性，相应的研究需要根据实际应用进行相应扩展。现有研究对于这一问题的解决思路主要有两种方法：一种是将多资源优化问题通过转化变为单资源优化问题；另一种是将每种资源均衡优化视作一个目标，将多目标优化问题转变成为单目标优化问题。具体采用何种方法需要根据实际问题选择合适的处理方式。

伴随着社会经济不断发展，企业越来越多地面临多项目管理环境，多个不同的项目之间在时序上往往具有并行关系，使得各项目对某些资源存在共同需求。如果只是分别对各项目进行独立的资源优化分析，则只能优化各项目内部资源配置，不能在整个企业内实现资源需求的均衡分布。因此，研究多项目多资源条件下的资源均衡问题更加具有实践意义。

（2）目标函数分析

网络计划资源均衡效果的优劣需要通过所设定的目标进行评价。现有关于工期固定条件下资源均衡问题的文献中，对于该问题目标函数的定义主要可以分为成本类和非成本类两类，具体情况如下：

1）资源均衡成本类目标函数

①工期内资源消耗量成本最小

$$Min\sum_{k=1}^{k} C_k R_k^{\max} \tag{6.15}$$

其中，$R_k^{\max} = \max\limits_{t=0,1,2,\cdots,T}\left[\sum\limits_{j\in A} r_{jk}\right]$。$R_k^{\max}$ 表示整个项目工期内资源 k 的最大消耗量水平。C_k 则表示项目工期内资源 k 的单位成本，其中 $C_k > 0$。

②资源 k 工期内各阶段资源消耗量与给定资源使用量间偏差最小

$$Min\sum_{k=1}^{k} c_k \sum_{t=0,1,2,\cdots,T} |r_k(t) - R_k| \tag{6.16}$$

式（6.16）表示资源使用量与给定资源使用量间的绝对偏差最小，所表达的问题称为"资源偏差问题"。

③资源 k 相邻阶段间资源消耗量间偏差最小

$$Min\sum_{k=1} c_k \sum_{t=0,1,2,\cdots,T} |r_k(t) - r_k(t-1)| \tag{6.17}$$

式（6.3）衡量了任意两个相邻阶段内的资源消耗量的变动情况。其中，式中的绝对值符号 $|\cdot|$ 可替换为 $[\cdot]^+$，表示资源消耗量若随时间增加将导致一个惩罚成本。

2）资源均衡非成本类目标函数

①不均衡系数

$$V = \frac{r_{\max}}{\bar{r}} \tag{6.18}$$

其中，V 表示资源需求的不均衡系数，$r_{\max}$ 表示各时点资源需用量最大值，

$\bar{r}$ 表示各时点资源需用量均值，即 $\bar{r} = \frac{1}{T}\sum_{i=1}^{N} D(i)\,r_0(i)$，$N$ 为项目任务数，T 为项目工期，$r_0(i)$ 为任务 i 进行时单位时间的资源需用量，即资源利用强度。以 V 为评价指标时，V 越小则其资源配置均衡性越佳。

②极差值

$$\Delta R_{mm} = R_{\max} - R_{\min} \tag{6.19}$$

上式表示项目工期内资源需用量的极差。其中，$R\max$ 表示项目工期范围内资源需用量最大值，$R\min$ 表示项目工期整体范围内资源需用量最小值，极差值 ΔR_{mm} 越小，则资源均衡性越好。

③最大绝对离差值

$$\Delta R = \max\left[\left|r(t) - \bar{r}\right|\right] \tag{6.20}$$

式中 $r(t)$ 为在第 t 天时的资源需用量，$\bar{r}$ 仍表示各时点资源需用量均值，ΔR 为资源利用量的最大绝对离差值，其将每天资源需用量与各时点资源需用量进行比较，取差值表示该工程资源需求强度的均衡性，该差值越小，则资源配置均衡性越好。

④资源利用方差

$$\sigma^2 = \frac{1}{T}\int_0^T (r(t) - \bar{r})^2\, dt \tag{6.21}$$

式（6.21）中的资源利用方差值 σ^2 借用了统计学中的样本方差概念，用以衡量单位时间内需用资源的均衡性。T 表示项目工期，$r(t)$ 与 $\bar{r}$ 含义与式（6.20）相同。方差值越小的方案，其资源配置均衡性越好。在工程项目实施过程中，通常按照整数时段设定任务持续时间取值，并假设各时段内完成任务所需要的资源数量为常量。因此，项目资源需求曲线可以以梯形形式表达，继而方差还可以表达为以下加和的形式。

$$\sigma^2 = \frac{1}{T}\sum_{t=1}^{T}\left[r(t) - \bar{r}\right]^2 \tag{6.22}$$

虽然资源均衡配置方差值的计算相对较为复杂，但其能更加综合地考虑并体现项目各时点资源需求的不均衡程度，在以往的研究中较多应用并在实际使用中具有一定的整体优越性。因此，本书针对资源均衡效果的评价，在所构建资源均衡模型的目标函数中，也采用这种方法。

（3）多项目优化的处理

多项目资源均衡问题研究中多项目在时序上为并行关系，各项目对某一部分资源存在共同需求。前文对于资源受限的多项目调度问题的研究中，基于项目网络计划，将多项目转化为单项目进行求解，这种简单有效的求解方式同样适用于本章多项目资源均衡问题的研究。

因此，本书在并行的多项目首尾分别添加虚拟辅助开始节点与辅助结束节点，表示不存在资源消耗的虚拟辅助开始任务和虚拟辅助结束任务，继而将并行的多项目网络合并形成一个整体的虚拟单项目网络图。

若现有并行项目 n 个，将并行项目集合定义为 $P = \{1, 2, \cdots, n\}$，其中项目 n 对应的任务集合 $M = \{1, 2, \cdots, I_n\}$。项目 n 的开始时间 S_n，工期为 T_n，首尾添加辅助任务分别为 A_s 与 A_e，合并后生成的单项目开始时间为 S，项目工期为 T，分别表示为：

$$S = \min\{S_n\}, (n \in P) \tag{6.23}$$

$$T = \max\{S_n + T_n\} - S, (n \in P) \tag{6.24}$$

项目 n 的辅助开始任务 A_s 与辅助结束任务 A_e 的开始、结束时间及持续时间分别表示如下：

$$AS(A_s) = S \tag{6.25}$$

$$D(A_s) = S_n - S \tag{6.26}$$

$$AF(A_e) = S + T \tag{6.27}$$

$$D(A_e) = S + T - (S_n + T_n) \tag{6.28}$$

合并后的项目任务集 $C = \{1, 2, \cdots, m\}$ ， $m = I_1 + I_2 + \cdots + I_n + 2n$ 。通过以上约束，可以实现从多项目资源均衡问题到单项目资源均衡问题的转化。

（4）多资源分析

现有资源均衡问题的相关研究中较多地假设项目中资源种类单一，而作为一种复杂、综合的项目类型，工程项目在其实施过程中所需要的资源种类繁多，只考虑单资源情况的资源均衡显然无法适应工程项目的实际应用需求，针对多资源均衡优化问题的研究对于工程项目来说更加具有实际意义，也已经越来越成为相关研究的热点。

现有文献对多资源问题的处理方式主要有两种方法：一种是将多资源均衡优化问题转化为单资源均衡优化问题；另一种是将不同种类的资源均衡优化视作一个目标，然后将多目标优化问题转化为单目标优化问题。

1）多资源均衡优化转化为单资源均衡优化

第一种方式的优化思想是通过将所有项目中需用资源的种类、单位、数量级等进行同一化处理，以统一的量纲对不同的资源进行度量，将对于多资源均衡问题的研究转化为对同一资源均衡问题的研究，具体实现过程如下。

设所有项目有 N 项任务，共需要 R 种资源，首先对资源进行同一化，令

$$r_{\max}(k) = \max_i[r_0(i, k)] \tag{6.29}$$

将资源同一化后，资源需求强度即变为

$$r_1(i, k) = \frac{r_0(i, k)}{r_{\max}(k)} \tag{6.30}$$

上述两式中，有 $i \in A$ ， i 为任务， A 为项目任务集合， k 为资源种类， $i = 1, 2, \cdots, N$ ， $k = 1, 2, \cdots, R$ 。 $r_0(i, k)$ 表示任务 i 对第 k 种资源的需求强度，也即单位时间资源需求量， $r_{\max}(k)$ 则表示所有任务对第 k 种资源的需求强度最大值， $r_1(i, k)$ 则表示同一化后任务 i 对第 k 种资源需求强度。继而将同一化后的资源进行加权求和，即可将多资源均衡优化转化为同一单资源均衡优化。

2）多目标优化转化为单目标优化

多目标优化问题往往用于处理多个相互矛盾的优化目标，解决相互冲突矛盾

的目标间做出折中人为决策。这种方法往往应用于解决存在目标冲突的多目标优化问题，传统方法在解决本章所设定问题时更具有吸引力是因为有很多研究较为深入的单目标优化算法，且其中有很多方法能够有效处理这类规模较大的问题。另一方面，相比单目标优化，多目标优化不可避免地会增加计算复杂度从而增加资源消耗，因此在对不同的目标进行优化时应当根据实际情况选择合适的处理方式。

因此，对于多种资源均衡问题，很多学者倾向使用多目标优化转化为单目标优化的方法，这种方法的主要思想是将每种资源的均衡优化作为一个目标，将多资源均衡优化看作多个目标优化问题，再通过特定方法给每个目标函数赋权，最终采用加权求和形式将多目标转化为单目标进行优化。具体的实现过程如下。

设项目（可由多项目转为单项目）共有 K 种资源，这些不同种类的资源重要性程度各不相同，资源的重要性程度通过设置不同权重系数进行衡量，权重系数的确定可根据专家经验直接给出，也可通过层次分析等方法设定。通过特定方法得到资源相对重要性权重系数为 w_k，其中 $k=1,2,\cdots,K$。以资源利用方差和作为衡量指标，则多资源均衡模型的组合加权目标函数为：

$$MinF = \sum_{k=1}^{K} w_k * \sigma_k^2 = \frac{1}{T} \sum_{k=1}^{K} \sum_{t=1}^{T} w_k (r_k(t) - \overline{r_k})^2 \qquad （6.31）$$

其中，T 为项目工期，K 为资源种类，w_k 为第 k 种资源的重要性权重系数，$r_k(t)$ 为资源同一化后，项目在 t 时点对于第 k 种资源的需求总量，$\overline{r_k}$ 表示项目工期内资源同一化后对第 k 种资源的平均需求量。

通过以上对多资源进行处理的两种方式的分析可以看到，将多资源均衡优化转化成单一资源均衡优化，把所有资源需求量进行同一化处理是多资源处理的必要手段。虽然第一种处理方式具有一定的合理性，但通常资源的等效需求并不能反应多种资源实际消耗的均衡程度，因为各种不同资源转化后的等效需求曲线的均衡很可能是各种资源需求曲线的"波谷"与"波峰"叠加的效果，即是各种资源并不均衡的消耗曲线啮合而成的均衡曲线。因此，将任务对不同资源的需求量进行加权平均等效成为一种资源后进行优化的处理思路存在一定的缺陷。而第二种处理思路则更贴近问题本质，体现了一种多目标规划的思想，即将多个单资源目标函数通过线性加权和的方式转化为单一目标问题进行求解，这种方法相对于第一种多资源处理方式更显合理。因此，本书采用多目标优化转化为单目标优化的多资源分析处理方式，按照这一设计思路确定问题的目标函数。

6.3.2　多项目资源均衡问题模型建立

（1）模型假设与符号定义

1）模型假设

这里针对建筑施工企业研究资源受限条件下的多项目调度问题，给出以下问题假设：

①项目是由有限个工序任务组成的，且任务之间具有固定时序逻辑关系；

②资源均衡优化时，不能改变各项任务持续时间；

③项目各任务资源需求量事先已确定且在工作持续时间内保持不变；

④所有任务均不可中断，即任务一经开始不允许中断，不存在任务拆分或分段进行的情况；

⑤每项任务的实际开始时间须在总时差允许范围内调整。

2）模型符号定义

建立数学模型之前，首先对模型中所涉及的模型符号给出以下定义：

i：项目的编号，$i = 1, 2, \cdots, n$；

j：各项目中任务的编号；

k：资源的编号；

t：以天为计量单位的时点；

T：项目工期；

w_k：按照各资源相对重要度设定的资源权重；

$r_k(t)$：资源 k 在第 t 天的资源需求量；

$\overline{r_k}$：资源 k 在项目工期内的日均总资源需求量；

ES：任务最早开始时间；

EF：任务最早结束时间；

LS：任务最晚开始时间；

LF：任务最晚结束时间；

TS：任务实际开始时间；

TF：任务实际结束时间。

（2）多项目多资源均衡模型的建立

综合以上各符号定义与模型假设，建立多项目多资源均衡模型如下：

$$MinF = \sum_{k=1}^{K} w_k * \sigma_k^2 = \frac{1}{T} \sum_{k=1}^{K} \sum_{t=1}^{T} w_k (r_k(t) - \overline{r_k})^2, \ k = 1, 2, \cdots, K \quad （6.32）$$

Subject to

$$r_k(t) = \sum_{i=1}^{I} \sum_{j_i=1}^{j_i} r_{k,j_i}(t) = \sum_{j_1=1}^{J_1} r_{k,j_1}(t) + \sum_{j_2=1}^{J_2} r_{k,j_2}(t) + \cdots + \sum_{j_i=1}^{J_i} r_{k,j_i}(t) \quad （6.33）$$

$$r_{k,j_i}(t) = \begin{cases} r_{k,j_i}, TS_{j_i} \leq t \leq TF_{j_i} \\ 0, \quad 其他 \end{cases} \quad （6.34）$$

$$S_{j_i} = TF_{j_i} - TS_{j_i} \quad （6.35）$$

$$ES_{j_i} \leq TS_{j_i} \leq LS_{j_i} \quad （6.36）$$

$$\max\{TS_{h_i} + S_{h_i}\} \leq TS_{j_i} \leq EF_{j_i} \quad （6.37）$$

式（6.32）为目标函数，用以表示 k 种资源需求量的加权均方差值之和最小；其中 T 为项目工期；w_k 为按照各资源相对重要度设定的资源权重；$r_k(t)$ 为资源 k 在第 t 天的资源需求量；$\overline{r_k}$ 表示资源 k 在项目工期内的日均总资源需求量，$\overline{r_k} = \frac{1}{T} \sum_{t=1}^{T} r_k(t)$。

式（6.33）表示第 t 个工作日所有项目的资源消耗量；其中 j_i 表示第 i 个项目中第 j 项任务；j_i 表示第 i 个项目中的任务数；$r_{k,j_i}(t)$ 表示第 i 个项目中任务 j 在第 t 个工作日对于资源 k 的需求量。

式（6.34）表示第 i 个项目中第 j 项任务在 t 时刻的资源需求强度，假设每一项任务的资源需求量固定不变，则在项目周期内某一时刻，任务 ji 对资源的需求

量 $r_{k,j_i}(t)$ 有两种状态，即固定的资源强度 r_{k,j_i} 以及任务未执行不占用资源。其中，TS_{j_i} 为第 i 个项目中第 j 项任务的实际开始时间；TF_{j_i} 为第 i 个项目中第 j 项任务的实际完成时间。

式（6.35）表示第 i 个项目中任务 j 的时间窗口，假设模型中所有任务均不可中断，即任务开始之后不允许中断，不存在任务分段或拆分的情况。其中 S_{j_i} 是第 i 个项目中任务 j 的持续时间。

式（6.36）为实际开工时间的时差约束，即任务开始时间的选择范围，表示各任务的实际开工时间须在总时差允许范围内调整。其中 ES_{j_i} 表示任务 j_i 的最早开工时间；LS_{j_i} 表示任务 j_i 的最迟开工时间。

式（6.37）表示项目任务之间的紧前关系约束，该约束反映任务间的优先顺序，即任意一项任务的开始时间必须大于或者等于其所有紧前任务的完成时间。其中 h_i 为任务 j_i 的紧前活动集；TS_{h_i} 为任务 h_i 的实际开始时间；S_{h_i} 为任务 h_i 的持续时间。

6.3.3 问题模型的求解

（1）模型求解方法

设计有效的求解算法一直是资源均衡配置问题的研究重点与热点，现有对于该问题的求解方法有很多，这些算法根据是否能够求出最优解可分为精确算法和非精确算法两类。其中，精确算法包括动态规划算法、隐枚举算法等能够求出理论最优解的算法，非精确算法则可再细分为启发式算法与元启发算法，但与一般启发式算法（如资源均衡"削峰填谷"法）主要借助经验设计的方法不同，元启发算法通常会给出求解问题的基础框架，通过对算法进行修改来实现问题的有效求解。遗传算法、粒子群算法、禁忌搜索算法等智能优化算法均属于元启发算法，这一类算法可能无法给出问题的理论最优解，但一般可给出问题的满意解。

对于多项目均衡问题来说，本身已具有 NP-hard 特性，由于多项目的网络计划比之单项目网络计划具有更大的复杂性，更使问题进一步复杂化。而精确算法通常只能适用于小规模问题，对于大规模问题，难以在合理时间内给出可行解，而启发式算法则有可能错过最优解，因此智能优化算法是对此类问题更为适用的求解方法，其中又以遗传算法的应用最为广泛。

1）差分进化算法

差分进化算法（Differential Evolution，DE）是一种较为新颖的启发式智能搜索算法，原本用于切比雪夫多项式问题的求解。后发现其在求解复杂优化问题时具有优良性能，并通过详细的数值仿真实验证明 DE 是一种结构简单、可调参数少且具有较鲁棒性的优化算法。DE 与 GA 相似，均是通过选择、交叉和变异过程的反复迭代以实现种群演化，继而趋向全局最优。而与 GA 不同的是，DE 借助种群个体间的差异向量进行个体扰动以实现个体变异，这样能够有效利用群体分布的特征，实现算法搜索能力的提升。此外，DE 择优过程采用一对一淘汰机制的贪婪选择模式，能够避免部分个体的退化。

基本差分进化算法主要由初始化、变异、交叉及选择四个过程构成，具体操作过程如下：

①种群初始化过程。初始种群 P^0 通常应尽可能地覆盖全部搜索区域，因此令 $X_i^t = (x_{i1}, x_{i2}, \cdots, x_{in}), i = 1, 2, \cdots NP$ 为第 t 次迭代的第 i 个个体，则在可行域内可根据式（6.37）随机取样生成种群规模为 NP，个体分量为 n 的初始种群。

$$x_{ij}^0 = rand_{ij}(0,1)(x_{ij}^{\max} - x_{ij}^{\min}) + x_{ij}^{\min} \tag{6.38}$$

其中，$rand_{ij}(0,1)$ 表示一组 [0，1] 区间内均匀分布的随机数，$x_{ij}^{\max}$ 和 $x_{ij}^{\min}$ 分别表示个体 X_i 中第 j 个分量的上下限。

②变异过程。在种群中随机选择的不同个体 x_i^t，变异操作都会产生相应的向量（Donor Vector），记作 v_i^t。与 GA 不同的是，DE 变异操作的基本原理是将某些个差分向量（Difference Vector）缩放后加到另一个体的基向量（Base Vector）上，得出变异后的个体。根据差分向量个数、计算公式及基向量选择方式的不同，存在多种差分策略，通常将这些策略记为 DE/x/y/z，其中 x 表示基向量，y 表示差分向量个数，z 表示交叉操作类型，主要的几种变异方式有以下几种。

$$\text{DE/rand/1/bin：} v_i^t = x_{r1}^t + F \cdot (x_{r2}^t - x_{r3}^t) \tag{6.39}$$

$$\text{DE/best/1/bin：} v_i^t = x_{best} + F \cdot (x_{r1} - x_{r2}) \tag{6.40}$$

$$\text{DE/best/2/bin：} v_i^t = x_{best} + F \cdot [(x_{r1} - x_{r2}) + (x_{r3} - x_{r4})] \tag{6.41}$$

上述式中，r_1、r_2、r_3、r_4 为与 i 不等且互不相等的随机整数，F 为缩放因子，通常为设定在 [0，1] 区间内的正常数。

③交叉过程。变异后的个体与种群中的当前演化个体以离散的交叉重组方式生产中间个体 c_i^t，通过变异后个体与种群中当前演化个体元素的交互增加种群多样性。目前常用的方式主要有两种，分别是二项式交叉（binomial crossover）和指数交叉（exponential crossover）。

其中二项式交叉操作相对简单，可按公式（6.42）实现。

$$c_{ij}^t = \begin{cases} v_{ij}^t & if\,(rand_{ij}(0,1) \leqslant CR)\ or\ j = rand(n) \\ x_{ij}^t & otherwise \end{cases} \quad (6.42)$$

这里，$rand_{ij}(0,1)$ 表示一组 [0，1] 区间内均匀分布的随机数，CR 为交叉参数，$rand(n)$ 为 [1，n] 内随机整数。

指数交叉法则需首先按交叉概率 CR 确定一个整数 d，然后在区间 [1，n] 内随机取整数 k，进而根据公式（6.43）实现。

$$c_{ij}^t = \begin{cases} v_{ij}^t & for\ \ j = <k>_n, <k+1>_n, \cdots, <k+d-1>_n \\ x_{ij}^t & for\ \ all\ other\ j \in [1,n] \end{cases} \quad (6.43)$$

其中，$<>_n$ 表示关于 n 的取余计算，且对每个解向量的交叉操作均需要对 d 和 k 进行重新计算。

④选择过程。选择过程决定了种群整体的进化方向，基本差分进化算法对产生的中间个体 c_i^t 与当前个体 x_i^t 之间采用一对一的贪婪选择，即对于中间个体的适应度若优于当前个体，则对当前个体进行替换，否则选择当前个体。该选择过程可由公式（6.44）表达。

$$x_i^{t+1} = \begin{cases} c_i^t & if\ \ f(c_i^t) \leqslant f(x_i^t) \\ x_i^t & otherwise \end{cases} \quad (6.44)$$

通过上述分析可以看到，DE 最主要特征即在于其变异与交叉方式的不同，其变异与交叉的方式又可涉及三个主要控制参数，分别是进化种群规模 P、缩放因子 F 与交叉参数 CR。对于智能优化算法来说，算法控制参数的设定对于算法计算性能影响很大，针对特定优化问题选择适当控制参数是促进算法性能达成最优的关键之一。

2）基于精英保留策略的差分进化算法

DE 通过种群内个体间合作竞争产生群体智能并指导种群的整体进化，其性能受算法探索与开发能力间平衡的影响很大。其中，探索能力使优化算法能够在可行解空间内找出局部最优解，而开发能力则促进算法在特定希望区域内更加精确地搜索精确解。DE 通过缩放因子与交叉参数可一定程度上实现探索与开发能力的平衡，在对很多复杂问题的处理中表现出了很高的有效性与鲁棒性，仅靠参数设定进行调节的方式也较为简单易行，但要确定适当参数较为困难，通常可采用决策者经验或反复试验进行确定，难免受到决策者经验与试验时长影响，具有一定的适用局限性。此外，DE 的结构与实数编码的 GA 相似，但子代的生成方式有所区别，其特点在于子代生成过程中用到了父代多个个体的线性组合，而非 GA 传统单一的父代染色体交叉技术。同时，DE 子代的生成采用"贪婪"选择策略。这种策略能使算法具有快速的收敛特性，但增加了算法陷入局部最优或早熟收敛的概率。产生早熟收敛的根本原因则在随迭代次数的增加而快速下降的种群多样性。因此，本书在基本差分进化算法的基础上尝试采用精英保留策略对其进行改进，旨在维持种群多样性的同时保证种群中可行解始终处于较高比例，以提升算法运行计算效率。

精英保留策略（ER）是一种用来改进进化算法的策略，在优化算法中使用精英保留策略不仅能保证种群中适应度值较优的个体不被破坏，更好地保存下来，还能保障算法的全局收敛性。

在差分进化算法运行过程中，虽然随群体的不断进化会产生越来越多的优良个体，但由于交叉、变异等操作过程中随机性的存在，有可能会破坏当前种群中的具有最优适应度值的个体，进而影响算法整体运行效率与收敛性。而精英保留策略的基本思想是在交叉、变异等操作过程前保留父代中的 n 个精英个体，继而进行交叉、变异等操作产生子代，并找出子代中适应度值最差的 n 个个体，使用 n 个保留的精英个体替换子代中最差的 n 个个体产生新的种群。经过这一策略可以使父代中适应度值最优的个体保留到下一代种群，保证最优个体不被差分进化算法中的变异、交叉等运算所破坏，进而保证算法的全局收敛性。

（2）基于精英保留策略的差分进化算法的模型求解

1）编码方式

实数编码（Real-number Encoding，RE）形式空间中的拓扑结构与其表现型空间内拓扑结构一致，能够提升算法运行效率。通常情况下，实数编码按照目标函数中的变量进行。结合 RLPMP 自身特点来看，以各项目中所有任务实际开始时间 TS_{ji} 为对象采用实数编码方式进行编码能够简化问题的复杂度。而为更进一步简化问题求解过程，这里只对非关键线路上的任务实际开始时间进行编码。

2）适应度函数

RLPMP 优化目标为总资源消耗方差 σ^2 最小，因此有必要将原始目标函数映射成为最大值形式的适应度函数 $f(i)$，以保证合适的个体具有较大适应值。

令 $fitness(i)$ 为当前种群第 i 个染色体的适应度值，则适应度函数可表示为：

$$fitness(i) = \frac{C}{F} \tag{6.45}$$

其中，C 为非零非负实数，F 为 RLPMP 目标函数值。

3）约束条件处理

罚函数法是约束优化种的一种常用方法，其基本思路是用约束条件构造制约函数，将约束问题转化为无约束问题，即按照一定的规则构造包含原有目标函数与约束函数的增广目标函数，增广目标函数的无约束最优解即为原目标函数的约束最优解。通常，罚函数法可分为无参数型与参数型两种类型。无参数型通过修改罚函数自动选取参数；参数型则通过引入适量可调整罚因子进行罚函数构造。参数型罚函数法根据约束形式、构造的函数与罚因子递推方式的不同又分为内点、外点与混合罚函数法三类。无参数型与参数型相比并无特殊优势，且收敛速率较慢，因此实际应用较少。而外点函数法不仅能够同时解决等式约束与不等式约束优化问题，且在罚函数构造与初始点选择上没有区域限制，便于实际计算，因此本书选用外点罚函数法作为约束条件处理方式。

对于约束条件如下的非线性极值问题，

$$\begin{cases} \min f(x) \\ s.t.\ g_i(x) \leqslant 0, i = 1,2,\cdots,m \\ \quad h_j(x) = 0. j = 1,2,\cdots,n \end{cases} \tag{6.46}$$

其外点罚函数构造一般可表达为：

$$F(x, M^{(k)}) = f(x) + M^{(k)} \sum_{i=1}^{m} \{\max[g_i(x), 0]\}^{\eta} + M^{(k)} \sum_{j=1}^{n} [h_j(x)]^{\eta} \qquad (6.47)$$

其中，$M^{(k)}$ 为罚因子，且为递增序列，即 $0 < M^{(0)} < M^{(1)} < \cdots < M^{(k)}$，且 $\lim_{k \to \infty} M^{(k)} = \infty$。$\mu$ 为构造罚函数的指数，影响函数 $F(x, M^{(k)})$ 等在约束面外性质，通常取 $\mu = 2$。$g_i(x)$ 为不等式约束，$h_i(x)$ 为等式约束，$\varphi(x, M^{(k)}) = \sum_{i=1}^{m} \{\max[g_i(x), 0]\}^{\eta} + \sum_{j=1}^{n} [h_j(x)]^{\eta}$ 为约束违反程度。

针对本章问题模型的不等式约束形式 $g_i(x) \leqslant 0$，罚函数一般可表达为：

$$F(x, M^{(k)}) = f(x) + M^{(k)} \sum_{i=1}^{m} \{\max[g_i(x), 0]\}^{\eta} \qquad (6.48)$$

其中，惩罚项中有：

$$\max[g_i(x), 0] = \frac{g_i(x) + |g_i(x)|}{2} = \begin{cases} g_i(x) & , g_i(x) > 0 \\ 0 & , g_i(x) \leqslant 0 \end{cases} \qquad (6.49)$$

即当探索点 $x^{(k)}$ 在可行域内时，惩罚项为零；而当其不再可行域时，惩罚项非零且随 $M^{(k)}$ 增大而增大。因此，若使增广目标函数值达到最小，需使惩罚项为零，即满足约束条件 $g_i(x^{(k)}) \leqslant 0$。

4）算法流程

①参数设置。读取数据并设置算法控制参数：交叉概率 CR，缩放因子 F，最大迭代次数 ITmaxgen。

②种群初始化。初始种群 P^0 通常应尽可能地覆盖全部搜索区域，因此令 $X_i^t = (x_{i1}, x_{i2}, \cdots, x_{in})$，$i = 1, 2, \cdots$，$NP$ 为第 t 次迭代的第 i 个个体，则在可行域内可根据式（6.37）随机取样生成种群规模为 NP 的初始种群 P_G。

③精英个体保留。对初始种群 P_G 中个体进行评估，根据问题设定的目标函数计算个体适应度值 $fitness(i)$ 并排序，将最好的 n 个精英个体保留。

④变异操作。采用 DE/rand/1/bin 策略，按照公式（6.38）进行变异操作。

⑤交叉操作。采用二项式交叉法，按照公式（6.42）进行交叉操作，生成试验种群 P_G'。

⑥适应度计算。编码解码，对生成的试验种群 $P_G^{'}$ 中的个体，计算资源均衡目标，继而计算适应度值 $fitness(i)$ 。

⑦选择操作。按照公式（6.44）采用贪婪选择策略对种群进行更新，通过比较新生成试验个体与当代种群中对应个体优劣，选择具有更优适应度值的个体作为子代进入新种群。

⑧对选择操作过程生成的群体中的个体适应度值进行排序，得到其中最差的 n 个个体，用差分进化操作前保留的 n 个精英个体替换 n 个最差个体，进而完成精英保留。

⑨判断是否达到最大迭代次数，若达到，则结束循环，输出最优解及对应的优化结果；否则，跳转③继续执行。

⑩结束。

具体算法流程如图 6.11 所示。

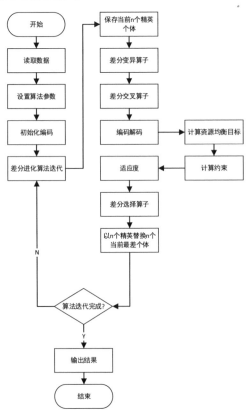

图 6.11　基于精英保留策略的差分进化算法流程

6.3.4　多项目资源均衡问题案例

（1）案例背景与数学模型

1）案例介绍

不失一般性，使用并行施工的两个建设工程项目作为案例，各自的单代号网络图如图 6.12、6.13 所示。项目 I 与项目 II 均包含 10 项任务，其中开始节点与结束节点为虚节点，不占用时间且不产生资源消耗。任务节点中的字母代表任务序号，节点上方的数字表示任务工期，下方的数字分别表示任务在单位时间内所消耗的三种可更新资源的数量。继而可参照前人研究，运用层次分析法，计算资源重要度，将资源同一化处理并设定各资源权重系数，将多资源均衡优化转化为单资源均衡优化。由于确定资源权重系数非本书研究重点且各资源在不同项目中重要性各不相同，因此在不失一般性基础上，在约束条件 $w_k \leq 1, \sum_{k=1}^{r} w_k = 1$ 下，确定资源权重系数分别为：W1=0.3，W2=0.4，W3=0.3。

如表 6.7 所示可知项目 I 的开工时间为 3，完工时间为 15；项目 II 的开工时间为 4，完工时间为 17。在这两个项目的单代号网络图的首尾各添加一个辅助任务合并成为一个单代号网络图，并对合并后的各活动进行重新编号，如图 6.14所示。

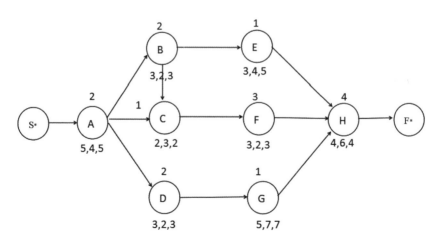

图 6.12　项目 I 单代号网络图

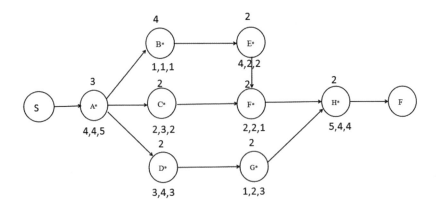

图 6.13　项目 Ⅱ 单代号网络图

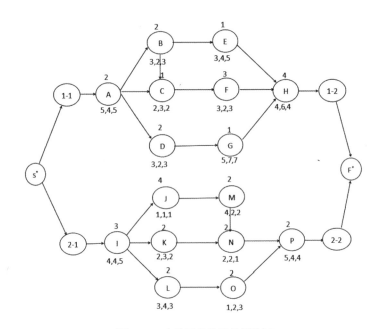

图 6.14　合并后的单代号网络图

表 6.7　项目 Ⅰ、Ⅱ 数据表

项目	工作名称	三种资源的消耗量	最早开始时间	最迟开始时间	松弛时间	任务工期	紧前工作
Ⅰ	A	（5，4，5）	3	3	0	2	—
Ⅰ	B	（3，2，3）	5	5	0	2	A
Ⅰ	C	（2，3，2）	7	7	0	1	A，B

续表

项目	工作 名称	三种资源的 消耗量	最早开始 时间	最迟开始 时间	松弛 时间	任务 工期	紧前 工作
I	D	（3，2，3）	5	8	3	2	A
I	E	（3，4，5）	7	10	3	1	B
I	F	（3，2，3）	8	8	0	3	C
I	G	（5，7，7）	8	10	2	1	D
I	H	（4，6，4）	11	11	0	4	E，F，G
II	A*	（4，5，5）	4	4	0	3	—
II	B*	（1，1，1）	7	7	0	4	A*
II	C*	（2，3，2）	7	11	4	2	A*
II	D*	（3，4，2）	7	9	2	2	A*
II	E*	（4，2，2）	11	11	0	2	B*
II	F*	（2，2，1）	13	13	0	2	C*，E*
II	G*	（1，2，3）	10	13	3	2	D*
II	H*	（5，4，4）	15	15	0	2	F*，G*

2）算例数学模型

多项目资源均衡优化的目标为实现工期固定条件下资源均衡，由于对于松弛时间为 0 的任务没有调整余地，路径唯一，因此该目标的实现方法在于调整非关键路线上的活动开工时间。具体到本案例来看，项目关键线路分别为 1-1 → A → B → C → F → H → 1-2 以及 2-1 → A* → B* → E* → F* → H* → 2-2。

本算例共有 6 个非关键任务，以非关键线路上任务开工时间为优化设计变量进行实数编码。具体算例数学模型如下：

目标函数为：

$$MinF = \frac{1}{14}\sum_{k=1}^{3}\sum_{t=1}^{14}w_k\left(r_k(t) - \overline{r_k}\right)^2 \tag{6.50}$$

约束条件为：

$$\begin{cases} TS(D) + 2 \leqslant TS(G) \\ \text{MAX}\{TS(E)+1, TS(G)+1\} \leqslant TS(H) \\ TS(K) + 2 \leqslant TS(N) \\ TS(L) + 2 \leqslant TS(O) \\ TS(O) + 2 \leqslant TS(P) \\ TS(D) \in [5,8]; TS(E) \in [7,10]; TS(G) \in [8,10] \\ TS(K) \in [7,11]; TS(L) \in [7,9]; TS(O) \in [10,13] \end{cases} \quad (6.51)$$

从算例数学模型可看到该问题为 6 参数优化问题，且在参数给定范围内存在不等式约束。

（2）计算结果分析

本书基于精英保留策略的差分进化算法求解案例数学模型，设定算法参数进行优化前后的日均资源消耗量如图 6.15 和图 6.16 所示；两个项目资源均衡优化后各任务的开始与结束时间具体如表 6.8 所示。

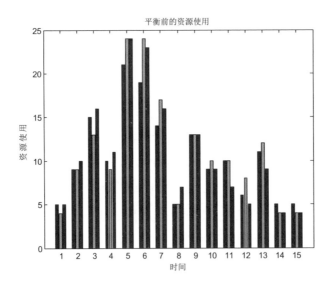

图 6.15　均衡前日均资源消耗直方图

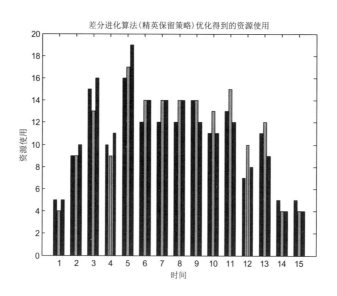

差分进化算法(精英保留策略)优化得到的资源使用

图 6.16　均衡后的日均资源消耗直方图

表 6.8　各项目任务开始与结束时间

任务编号	开始时间	结束时间	项目编号	任务编号	开始时间	结束时间	项目编号
A	3	5	1	I	4	7	2
B	5	7	1	J	7	11	2
C	7	8	1	K	11	13	2
D	5	7	1	L	8	10	2
E	7	8	1	M	11	13	2
F	8	11	1	N	13	15	2
G	9	10	1	O	12	14	2
H	11	15	1	P	15	17	2

　　从算法运行结果来看，均衡前方差为 36.9724，DE 算法在第 21 次迭代后收敛于 16.8152，取得了不错的均衡效果。对比均衡前后日均资源消耗量直方图也可以更加直观地看到，经过优化的资源消耗更加均衡。

6.4　本章小结

仅从整体视角进行的资源配置并不具体，无法指导项目实施过程的资源配置。在项目实施过程的资源优化配置中，资源有限、工期最短问题与工期固定、资源均衡问题是企业所面临的两大主要问题。在多项目环境下，这两大问题进一步复杂化。因此，本章内容在前文确定的项目组合与共享资源限制基础上，分别对多项目环境下的 RCPSP 与 RLP 进行扩展。首先，针对资源有限、工期最短问题，根据上一章提出组合内多项目优先级权重的确定方法确定各项目的优先级权重，并以多项目加权总工期为优化目标构建了 RCMPSP 模型。通过性能测试，选用 DCW 策略平衡 PSO 的全局寻优与局部寻优。结果表明 DCWPSO 算法在问题求解上具有优势，可以在一定程度上指导多项目优化调度，实现多项目的资源优化配置，为项目实施过程的任务调度与资源配置提供参考。继而，针对工期固定、资源均衡问题，根据建筑施工企业所涉项目与资源特征，对多项目多资源环境下的 RLP 进行扩展，以多资源需求量的加权均方差值之和最小为优化目标构建了 RLPMP 模型。并尝试将精英保留策略引入差分进化算法，通过案例进一步验证所改进的差分进化算法求解 RLPMP 的有效性，结果表明基于精英保留策略的差分进化算法能够更为有效地提升多项目资源均衡程度，进而为建筑施工企业多项目实施过程中的资源均衡配置提供参考。

参考文献

[1] 中国项目管理研究委员会.中国项目管理知识体系与国际项目管理专业资质认证标准 [M].北京：机械工业出版社，2003.

[2] 白思俊.现代项目管理：上中下 [M].北京：机械工业出版社，2003.

[3] 赵晓凤.基于多项目管理的战略实施研究 [D].天津：天津大学，2006.

[4] 安建民.大型建筑施工企业多项目管理研究 [D].武汉：武汉理工大学，2012.

[5] 艾尔弗雷德·D.钱德勒.战略与结构：美国工商企业成长的若干篇章 [M].孟昕，译昆明：云南人民出版社，2002.

[6] （美）项目管理协会.项目组合管理标准 [M].许江林，刘景梅，译.北京：电子工业出版社，2006.

[7] 王海鑫.建设施工企业多项目资源优化配置方法及组织模式研究 [D].青岛：山东科技大学，2017.

[8] LINDKVISTL. Governing Project-based Firms：Promoting Market-like Processes with in Hierarchies[J]. Journal of Management and Governance，2004，8(1)：1385-3457.

[9] 高朋.面向项目型组织的项目管理决策技术及其支持系统研究 [D].南京：南京理工大学，2010.

[10] 戚安邦，于波.面向创新的项目导向型企业体制与机制的集成模型与方法 [J].南开管理评论.2007，10（3）：94-101.

[11] 罗辉道，项保华.资源概念与分类研究 [J].科研管理，2005，26（4）：99-104.

[12] 丁荣贵.项目治理：实现可控的创新 [M].北京：电子工业出版社，2006.

[13] 李随科.组织战略导向下的项目组合配置研究 [D].西安：西北工业大学，2015.

[14] 王林.面向战略的项目组合全过程收益管理研究 [D].西安：西北工业大学，2017.

[15] 赵峰，王要武，金玲，等 .2021 年建筑业发展统计分析 [J]. 工程管理学报，2022，36（2）：1-5.

[16] 成虎，陈群 . 工程项目管理 [M]. 4 版 . 北京：中国建筑工业出版社，2015.

[17]MEFARLAN W F.Portfolio approach to information systems[J].Harvard Business Review，1981，59(5)：142-150.

[18] 张春旺 . 基于平衡计分卡的战略管理 [D]. 天津：天津大学，2008.

[19] 马坤 . 项目组合选择方法研究 [M]. 合肥：合肥工业大学，2008.

[20] 唐亚锋，白礼彪，郭云涛 . 基于战略导向的项目组合选择研究 [J]. 项目管理技术，2012，10（2）：21-25.

[21] 蔡文 . 可拓学概述 [J]. 系统工程理论与实践，1998，18（1）：76-84.

[22] 欧立雄，余文明 . 企业项目化管理中战略层次的项目组合选择模型 [J]. 科学技术与工程，2007，7（9）：2182-2186.

[23] 邓聚龙 . 灰色系统基本方法 [M]. 2 版 . 武汉：华中科技大学出版社，2004.

[24]ELONENS，ARTTO K A.Problems in managing internal development Projects In Multi-Project environments[J]. International Journal of Project Management，2003，21(6)：395-402.

[25] 刁训娣 . 基于多目标遗传算法的项目调度及其仿真研究 [D]. 上海：上海交通大学，2010.

[26] 吴守荣，任英伟 . 工程项目管理 [M]. 北京：机械工业出版社，2021.

[27] 范存彦，黄凯 . 论战略管理与项目管理的关联 [J]. 美中经济评论，2004（3）：35-41.

[28] KELLEY J E. The critical-path method：Resources planning and scheduling [J]. Industrial scheduling，1963，37(11)：108-111.

[29] 王祖和 . 现代工程项目管理 [M]. 3 版 . 北京：电子工业出版社，2020.

[30]HASTINGS N. On resource allocation in project networks[J]. Operational Research Quarterly，1972，23(2)：217-221.

[31] STINSON J P，DAVIS E W，KHUMAWALA B M. Multiple resource-constrained scheduling using branch-and-bound[J]. AIIE Transactions，1978，10(3)：252-259.

[32]CHRISTOFIDES N, ALVAREZ-VALDES R, TAMARIT J M. Project scheduling with resource constraints: a branch and bound approach[J]. European Journal of Operational Research, 1987, 29(3): 262-273.

[33]DEMEULEMEESTER E L, HERROELEN W S. A branch-and-bound procedure for the multiple resource-constrained project scheduling problem. Management Science, 1992, 38(12): 1803-1818.

[34]MORI M, TSENG C C. A genetic algorithm for multi-mode resource constrained project scheduling problem[J]. European Journal of Operational Research, 1997, 100(1): 134-141.

[35]HARTMANN S. A competitive genetic algorithm for resource-constrained project scheduling[J]. Naval Research Logistics, 1998, 45(7): 733-750.

[36]HARTMANN S. A self-adapting genetic algorithm for project scheduling under resource constraints[J]. Naval Research Logistics, 2002, 49(5): 433-448.

[37]DECKRO R F, WINKOFSKY E P, JOHN E. Hebert and Roger Gagnon. A decomposition approach to multi-project scheduling[J]. European Journal of Operational Research, 1991, 51(1): 110-118.

[38]WANG K, LI Y, ZHANG J. Improved particle swarm algorithm for aviation multi-project resource-constrained scheduling optimization[J]. Aeronautical Manufacturing Technology, 2008, 19(1): 74-79.

[39]余剑峰, 李原, 于海山. 基于自适应蚁群算法的协同制造项目资源优化配置[J]. 计算机集成制造系统, 2008, 14（3）: 576-550.

[40]MOHANTHY R P, SIDDIQ M. K. Multiple projects multiple resources-constrained scheduling: some studies [J]. International Journal of Production Research, 1989, 27(2), 261-280.

[41]梁昌勇, 张瀚允, 丁勇, 等. 基于 BS-GA 的资源约束多项目调度问题研究[J]. 计算机工程与设计, 2011, 32（12）: 4178-4185.

[42]戴文智, 杨新乐. 基于惯性权重对数递减的粒子群优化算法 [J]. 计算机工程与应用, 2015, 51（17）: 14-19.

[43]SHI Y, EBERHART R C. Empirical study of particle swarm optimization[C]. //

Proceedings of the Congress on Evolutionary Computation. Piscataway: IEEE Service Center, 1999: 1945-1950.

[44]HARRIS.R B Packing method for resource leveling[J]. Journal Construction Engineering and Management. ASCE, 1990, 116(2): 330-350

[45]吴成成. 活动可中断及资源需求强度可变的多项目多资源均衡优化研究 [D]. 重庆: 重庆大学, 2013.

[46]STOM R, PRICE K. Differential evolution-a simple and efficient heuristic for global optimization over continuous spaces[J]. Journal of Global Optimization, 1997, 11(4): 341-359.

[47]孙凌志, 任英伟, 孔寅, 等. 项目管理与工程经济决策 [M]. 北京: 中国建筑工业出版社, 2022.

[48]王海鑫, 王祖和, 温国锋, 等. 自适应粒子群算法求解资源受限多项目调度问题 [J]. 管理工程学报, 2017, 31 (4): 220-225.